中国（杭州）跨境电子商务综合试验区·指定教材

跨境电商
企业指南

橙塾教育◎编著

新世界出版社
NEW WORLD PRESS

编委会

代序
Made in China(中国制造)再出发

从1978年改革开放走到今天，三十多年间，中国经济取得很大成就，但是也面临很多困惑，产生了很多新困难、新问题。很多做外贸生意的企业家这些年都很困扰。

中国外贸的黄金期从1998年开始，到1999年有一个新词语出现，那就是Made in China（中国制造），一直到2008年，这是中国制造的黄金十年，2008年后赚钱变难了，为什么会出现今天的情况？未来会怎样呢？是否还是会像现在持续下滑的状态呢？

商业的天：趋势＋工具＋政策

做企业的人常常讲一句话，就是埋头种地、抬头看天。埋头种地是什么意思？就是做好自己的工作。抬头看天，每一个人都在问什么叫天呢？对于一个做企业的人来讲，商业的天在哪里？我个人认为天是由三个要素构成的，即趋势、工具和政策。

趋势就像黄河、长江浩浩荡荡，只有顺势而为才能势如破竹。我们讲到趋势，每个人必须在一个正确的趋势里面选择一个正确的行业，这是第一点，你不能站错队。

第二点，商业世界里面的趋势是由什么带来的？什么因素推动趋势变革？是工具。任何一个行业的变革、任何一种商业模式的变革，背后都是因为有新的工具的诞生。

一百多年前欧洲最大的城市是伦敦，30多万人。伦敦最大的产业是什么呢？是马车，有10万匹马，城市里有很多人在围绕着马车做生意，由此形成了以马车为中心非常复杂的生态链。但是，当汽车出现十多年以后，马车行业中所有的产业全部烟消云散，马车行业最聪明的人都成为默默无闻的人。而你如果在汽车行业里稍微勤快些，就会成为那个年代在趋势里赚到钱的人——这就是工具革命。

今天，互联网能给我们带来的最大变化，就是工具革命。今天所有的中国人，无论是“40后”“50后”“60后”“70后”“80后”还是“90后”，是不是被这个时代淘汰的人，跟年龄没有关系，跟工具使用能力有关系——我们了不了解这些新工具，有没有在使用新工具。为什么说跨境电商会迎来新的变革时期？因为出现了新生态，生态的背后是很多新工具。

最后一点是政策。政府有一个政策工具箱，包括税收优惠减免政策、行业准入政策、资源调配政策等。在中国做企业，第一要了解趋势，第二要了解工具，然后要了解总理怎么想的、部长怎么想的、市长怎么想的、区长怎么想的，政策在哪里。

中国制造黄金十年：1998～2008年

中国在1978年搞改革开放时是没有外贸的，当年叫什么？叫进口替代。因为国家是短缺经济，什么东西都没有，我们用两个东西来换，第一是时间，第二是空间，我们愿意让出所有的东西给全世界开放，外国人来中国做生意，享受“两免三减半”。

中国外贸由补偿贸易起步，逐渐把生产线、技术、资金引进来，然后只对企业提一个要求——如何提高生产线和产品质量。这个事干了20年，从1978年一直干到1998年。到1998年之后，中国已经由短缺型经济变成了商品极大丰富的国家。

1998年亚洲发生经济危机，为了让中国经济能够走出这个泥潭，政府干了几件事情：第一件事是开建沿海市高速公路，从苏州到上海，上海到杭州，杭州到宁波，这是城市化，建设是以政府投资为主的。第二件事是搞房地产行业。第三件事，1998年逐渐开放了外贸限制权，所以Made in China是从管制取消开始的，民营企业能够自由地跟老外做生意，是制度红利的产物。

为什么阿里巴巴能够很快地做起来？半年多时间排在了全球B2B（商对商）第一名，为什么一年不到的时间《福布斯》就会去采访马云，然后让他成为上《福布斯》杂志的第一个中国企业家。为什么呢？因为政策红利，政府把这块打开，大家都去做生意。

为什么阿里能迅速发展起来？浙江是一个小省，人口只有江苏的一半，但是浙江有3 000多个专业市场，比如说义乌、永康的专业市场。

阿里巴巴早期的模型实际上是建立在浙江工业市场模型基础上的，外商到中国来采购商品不知道找谁，所以阿里巴巴早期的模型是网上业务。办了网上业务后，大家问马云说，你赚什么钱呢？马云说我要让天下没有难做的生意，那你还赚什么钱呢？义乌赚钱靠摊位费，阿里巴巴赚钱是靠中国供应商，是把信息不对称的问题解决掉，赚的是信息的钱，是不是这个道理?！这就是阿里巴巴起来的原因，也是中国制造起来的原因。从1998年开始中国制造遍布全世界，有一段时间很多人跑出去买东西回来发现是中国制造，这就是中国制造的黄金十年。

中国制造四大变局

2008年全国两会结束后，我去东莞调研，几家做塑料梳子和拖鞋的企业老板计划迁厂到越南，越南的女工跟东莞的女工比，工资便宜三分之二。另外，国内企业解雇员工的权力越来越小了，天天打官司，劳动力成本大幅增加。2008年美国发生次贷危机，全球发生通货紧缩的经济危机，而国内劳动力成本上涨，从这时候起很多企业的苦日子开始了。

中国制造的黄金期从1978年到2008年的30年里，中国年均GDP增长是9.4%，是第二次世界大战以后从来没有一个国家达到过的长期经济增长速度，可以说是一个奇迹。中国制造崛起的背后，第一是成本优势，中国企业的劳动力成本、土地成本、税收成本非常低廉，产品价格有竞争力。第二是企业对环境保护不需要承担任何的责任。我们靠成本优势迅速形成规模，所以中国有全世界最大的服装工厂、家电制造企业。

今天，中国企业的成本优势丧失了，劳动力成本不断增加，土地成本不断增加，承担的社会责任增加，2016年营改增后地方政府对企业所得税减免也越来越少了。

当成本优势开始丧失的同时，中国制造的外部环境已经发生了四个非常大的变化。

①出现了一些成本更低的国家，很多企业如富士康搬到印度去了，很多摩托车厂、电视机厂搬到了越南，服装企业搬到了印度尼西亚，新兴国家开始跟中国抢饭吃了。

②全世界的经济大国都在呼唤制造业回归。制造业是基本的，它能解决就业问题。各个国家在前几年分别发布了自己的制造业复兴计划，如美国叫再工业化，德国叫工业4.0，日本叫工业复兴计划，中国叫中国制造2025，其实都是这个道理。

③美国遏制中国经济，为什么？中国经济增长只要能够保持在6%的新常态，美国经济增长保持1%～2%，13～15年左右的时间，中国的经济总量就会超过美国，所以美国的国家策略一定会从军事、政治、文化、外交、货币上全面遏制中国经济的崛起。

④人民币国际化的不确定性，即人民币国际化面临很多全新的挑战。

呼唤中国制造3.0

我们有一个非凡的过去，但是今天赚钱的模式变了，我们对环境不适应，怎么办？

如果把当年义乌的模型当作中国制造1.0的话，那么过去的几年里，我认为中国制造进入了2.0模型，就是出口模型，原来是摆摊，

2008年后有很多公司在干一件事，就是把中国公司弄到国外去参加展览会，然后中国的很多展览会请国外公司进来，能够让中国制造业企业和国外企业之间的信息不对称降低，中间商主动把信息放在一起，撮合做生意，这就是中国制造的2.0。2.0和1.0比并没有本质性变化。

今天我们为什么说中国制造进入了3.0阶段？我认为在“十三五”规划期间，中国外贸一定会面临新局面，这种可能性是因为趋势的变革、工具的变革和政策的元素。

中国制造已经跌到谷底，作为全球最大的制造国家，我们必须承担活跃全球贸易的责任，所有人都在谋求改变，政府也在出台政策，推动经济转型升级，这就是趋势。

从2015年3月开始，中央政府拿杭州做试点，成立了中国第一个跨境电商综合试验区。2015年4月，我参加了李克强总理召开的经济座谈会议，在这个会上我向国务院领导提了四条政策建议，其中一条是：我觉得跨境电商有可能成为中国制造用互联网思维轰开的一个突破口。我说自贸区模式肯定不行，自贸区是政府概念，生意谁做的？生意不是第一排的人做的，是第二排的人做的。但是，我说工业园区可以，外贸是谁来干呢？是企业在干，所以一定要把红利给企业，让企业能够动起来。

第二是工具，互联网1995年在美国出现，1998年进入中国，到今天算下来快20年了。互联网有一个词叫高科技革命，现在变成了技术支持。阿里巴巴这样一个企业本身就诞生于互联网，今天发生了新一轮互联网工具革命，如大数据、云计算，阿里巴巴自己也在用这个，一达通也好、信保也好，有可能带来一些新的可能性。

今天我们讲中国制造3.0，中国制造的天真变了，我们要用最快的速度融入变革当中去。

①政策创新。杭州跨境电商综试区的成立第一件事就是改政策。好多工业园区搞得非常好，实行了“单一窗口”，我们做外贸要跟很多政府部门打交道，现在你把这些东西都放到网上去就可以，政府的效率提高很多。中国未来所有跟外贸有关的审批全部整合在互联网平台上，它的效率会极大提高。当这些政府的职能被公开化、被“单一窗口”化后，企业一年可以省下大量的时间。

②工具革命。阿里巴巴是这次中国制造3.0新的实践者。马云讲了一句话，“大数据将代替石油成为新的核心能源”。基于大数据，阿里巴巴推出了信保。信用是所有交易中最大的成本，因为人是最不可靠的，互联网怎么能够让人可靠呢？就是大数据——你用什么样的方式做生意？你是不是有信誉的人？你做多大的生意？你的生意对象是谁？通过信保，这些我都可以知道。阿里巴巴的信保，有可能改变欧美两百年来全球贸易的制度规则，因为互联网形成了一种新的信用评价体系。

③信息对称。中国现在最大的问题是信息壁垒，各部门间的信息是不畅通的。如果真能通过改革打穿数据壁垒，所有企业的交易数据都在线上，那些做假冒产品的企业就会消失，你的产品质量好不好、用户评价高不高，企业效率好不好，数据都会被挖掘出来。

④去中介化。当中介去掉以后，真正的主权会掌握在消费者和制造商手中。互联网上能不能把衣服卖出去、能不能把手机卖出去、能不能把汽车卖出去，重新回到新时代。

当企业把商品通过网上商店卖给消费者后，最终抓取了消费者的个人信息，由此知道你们家有什么东西，可以做精准营销，这是大数据挖掘，迟早会发生。在大数据意义上，制造商和消费者之间在全球范围内可以交流，企业将会成为主角。

在中国制造3.0时期，我认为未来五年内一定是中国外贸企业大淘汰之年。新时代到来了，我们冲出去100人会死掉80人，一些体质弱、成本高、没有核心竞争力、做假冒产品的、违约的企业都会被市场淘汰消失掉，我们不需要这些企业。

未来“十三五”期间，不单是制造企业的大淘汰之年，也是贸易企业的大淘汰之年。

互联网的意义是什么呢？用一句话来说，就是我在苏州做一个保温杯，通过跨境电商可以把保温杯直接卖到国外，中间所有的贸易商全部去掉。因此，如果你只是一个搬运工的话，你根本赚不了钱，中国很多内贸中间商已经不见了，已经不需要你了。

中国已经有太多企业，民营企业有1 600多万家，我们需要的是有竞争力的好企业。

吴晓波（知名财经作家、“蓝狮子”出版人）

目　录

| 第一部分 |

跨境电商的背景和态势

第一章　跨境电商的背景

要点提示

1. 大数据是未来国际贸易的基础设施，跨境电商通过大数据的沉淀和分析，从底层为相关企业提供各种支撑。

2. 生态圈是跨境电商发展的核心要素，典型的跨境电商生态圈由买家、卖家、跨境电商平台、外贸综合服务商、政府、公共服务机构、专业服务机构7个主体构成。

3. 跨境电商是国际贸易的新阶段，具有客户年轻化、订单碎片化、体系生态化的特征，中小企业是跨境电商的参与主体。

1.1　脱颖而出的跨境电商企业

2015年下半年，我国出口连续5个月同比下降，外贸到了最严峻的时刻。据不完全统计，2015年仅春节期间，东莞就有上百家大型工厂倒闭或停产。但在这样的背景下，却有一家传统制造业企业，在过去8年间保持了平均14%左右的营收规模增长率，2015年已经成长为当之无愧的隐形冠军。

1.1.1 中国速度下的平稳成长

1990年，西方国家坚持对中国进行经济制裁，刚刚起步的中国外贸遭遇了空前危机。同年，薛元潮（图1－1）大学毕业一年了，在杭州一家国营的外贸公司工作。因为销售的主要是柳编产品，有些被编织成狗窝销往海外市场，薛元潮第一次接触到了宠物用品的概念。

图1－1 杭州天元宠物用品有限公司创始人:薛元潮

1992年，邓小平发表南方谈话，中国社会的主流精英人群中有一大批人开始下海创业。同年，基于对海外宠物用品市场的看好，一位德国朋友向薛元潮提议，一起开办公司，从事柳编宠物用品的生产和出口。这是一个其他人都非常羡慕的大好机遇，但薛元潮拒绝了，因为他感到时机还不够成熟，真正的机遇还未到来。

1998年，国家正式开放了民营企业的外贸进出口自主权，Made in China（中国制造）时代开启，中国的产能开始向全世界进行释放。1998年，薛元潮正式注册杭州天元宠物用品有限公司（以下简称“天元”），开始了他的外贸寻梦之旅。

2001年，中国加入WTO（世界贸易组织），在东亚金融危机爆发之后经过5年复苏发展，中国的民营企业特别是外贸企业获得长足发展。同年，也是在参加德国纽伦堡的宠物用品展后的一年，天元得到了国外宠物用品市场的认可，来自沃尔玛和乐购等的超级大单开始出现，天元的出口量呈指数级的增长。

2007年，中国经济延续了2000年以来GDP（国内生产总值）增速在8%～11%的适度区间内运行的态势，出口同比增加20.6%。同年，天元营业额突破3 600万美元，产品远销美国、欧盟、加拿大、澳大利亚等国家和地区。

天元是1998年至2008年期间中国众多出口企业的一个缩影，经历了中国外贸的“黄金十年”，成为Made in China大军中的一员走向了世界。

1.1.2　国际危机下的突围之战

2008年，世界金融危机爆发，全球市场震荡，国际贸易总额大幅下降。中国作为贸易大国“受灾”严重，2009年出口额同比下降18.3%（图1－2）。在这场外贸的寒冬里，仅2008年一年，全国就至少有10万家中小规模的外贸企业倒闭，没倒闭的企业也出现大量裁员现象。

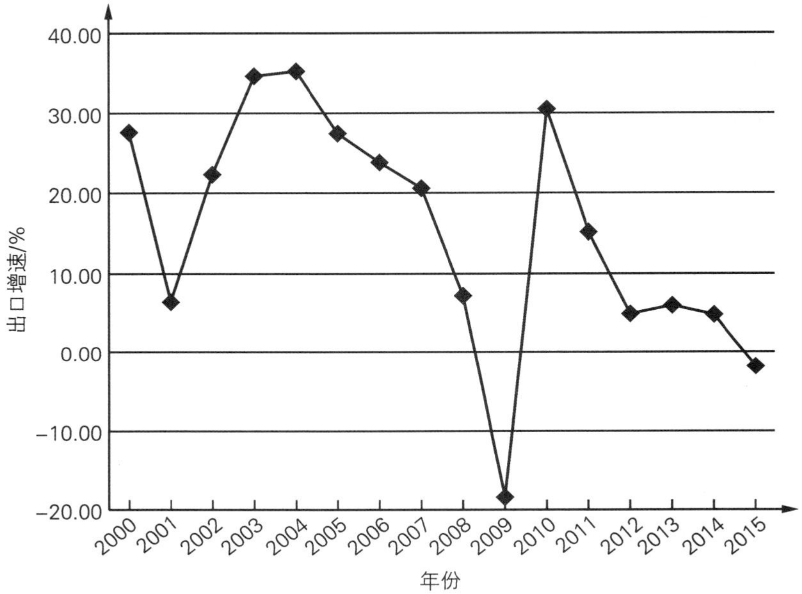

图1-2　2000～2015年中国年度出口增速

数据来源：中华人民共和国国家统计局网站

2011年后，全球经济缓慢复苏。WTO报告指出，2011～2015年国际贸易连续4年低于3%的全球经济增速。在国际需求持续疲软的背景下，中国出口持续低迷。2015年，我国出口总额为14.14万亿元，相较2014年下降1.8%。2016年1月，我国出口额1.14万亿元，同比下降11.2%；2016年2月，我国出口额8218亿元，同比下降20.6%。

在国际贸易低迷的大背景下，各国贸易保护主义不断抬头，矛头直指Made in China。金融危机对国外家庭消费造成了严重影响，宠物遗弃率屡创新高，宠物用品行业出现了严重下滑。浙江省温州海关数据表明，2014年1～8月温州地区宠物用品出口额7 998万美元，同比下滑24.5%，其中对美出口金额4 747万美元，同比下滑33.8%。

面对不景气的大环境，天元在Made in China大军中脱颖而出，走出了一条不一样的道路——跨境电商。

走入位于杭州市余杭区的天元展示厅，俨然进入了一个规模巨大的宠物家园，五花八门的宠物用品占据了600多平方米的双层展示厅，令人应接不暇。除了可以看到为沃尔玛和乐购等国外大型连锁商超生产的狗窝、猫跳台、宠物衣服、狗牵引绳等产品外，还能看到天元自有品牌的很多产品（图1－3）。

图1－3　天元产品展厅

2015年，天元出口总额7 500万美元，相较2007年增长108%。在这背后，跨境电商起到了至关重要的作用。天元在过去10年提升了自有品牌的占有率，不仅开展了跨境电商B2B（商对商）出口业务以优化传统的一般贸易渠道，也开展了跨境电商B2C（商对客）出口业务直达最终消费者。

与此同时，天元也在国内开展电商销售，即将登陆新三板，根据最新财报显示，天元2015年营业收入达到5.22亿元，利润3 252.15万元。

2013年，在经历跨境电商代运营的短暂失败之后，天元启用自有团队，正式进军跨境电商B2C领域。从做全球速卖通的普通卖家开始，天元经历了两年的摸索，解决了线上线下冲突、人才短缺、工厂配置等无数个跨境电商路上的大小问题。2015年，天元实现全球速卖通、亚马逊、eBay、Wish等跨境电商平台全覆盖，跨境电商B2C营业额突破200万美元。

然而，对于天元而言，跨境电商带来的不只是营业额的增长，更关键的是提升了企业的主导权。

中国传统外贸制造业以OEM（原始设备制造商）和ODM（原始设计制造商）为主，难以掌握销售渠道，缺乏与终端消费者直接接触的机会，也无法获取终端消费者的需求，没有自主定价权。天元过去的发展也是这样，为国际大型商超代工，无法接触到终端消费者，更谈不上打造自有品牌。

跨境电商赋予了天元直面海外终端消费者的机会。通过与消费者的直接互动，天元获得了大量的、第一手的、真实的客户需求信息，继而依托自身设计研发能力，不断迭代试错，生产出最符合市场需求的产品。同时，天元还推出了自己的官方网站，借助平台、社交网站、搜索引擎的流量，不断推广产品知名度。2015年，天元自有品牌PAWZ Road在全球速卖通、亚马逊、eBay等主流跨境电商平台上均名列前茅，不仅好评如潮，还获得了之前代工所无法想象的利润率。

天元不是个例，截至2016年年初，在浙江、广东等地已经涌现出大约10万家从事跨境电商的企业，它们是Made in China再出发的新主力军。

1.2　跨境电商的概念

一直以来，跨境电商的概念和统计都非常庞杂。“什么是跨境电商”是最基础、最应该首先回答的问题。

1.2.1　三大误区

1. 跨境电商≠跨境零售

提到跨境电商，很多人想到的是海淘和代购，认为通过网络在国内买到国外的东西了，就是跨境电商，这种认知是不全面的。

李克强总理曾公开表示，跨境电商不是简单的“国内老百姓买国外商品”，大量的是企业进出口业务，是用“互联网＋外贸”，实现“优进优出”，带动实体店和工厂的发展，同时，也会有力地促进就业。

理解跨境电商，不能忽略出口，也不能忽略跨境电商交易中的B2B

部分。

2. 跨境电商≠国内电商的延伸

很多人认为，跨境电商与国内电商没有本质区别，只是将买方/卖方简单地搬到了国外，这种认知是不正确的。

相较国内电商，跨境电商的链条非常长，参与者和关系更加复杂。跨境电商面临各类监管，涉及“关”“检”“税”“汇”“商”“物”“融”等政府部门；跨境电商的参与者更多，围绕通关、物流、退税、结汇等环节产生了大量的服务商；跨境电商环节更为复杂，交易双方跨越了不同国家的海关关境，面临不同法律、制度、文化环境的挑战。

3. 跨境电商≠销售渠道

还有很多人（特别是传统贸易从业者）认为，跨境电商与国际展会、海外本地推广属于同一维度的事物，只是辅助国际贸易的一种渠道罢了，这种认知也是不正确的。

大数据是未来国际贸易的基础设施，跨境电商通过大数据的沉淀和分析，从底层为相关企业提供各种支撑。

（1）跨境电商数据的沉淀：传统国际贸易中，贸易相关的数据是不完备的、是极度分散的、是难以被利用的。跨境电商时代，国际贸易在线上完成闭环，所有外贸相关的轨迹得以记录，形成数据，并以空前的速度进行沉淀。

（2）跨境电商数据的效用：跨境电商中，买方的购买决策在很大程度上取决于卖方在跨境电商平台上的信用、评价、销量，企业研发什么产品、通过什么方式生产、通过哪些渠道进行品牌营销都在很大程度上取决于对买方需求数据的分析能力。

1.2.2　跨境电商的内涵

本书认为，跨境电商源于传统国际贸易各环节的电子化，在跨境电商平台不断升级的基础上迭代。从国际贸易角度来说，跨境电商从业者必须考虑国与国贸易之间涉及的制度、监管、文化、法律、语言等因素；从电子化的角度来说，跨境电商依托于互联网技术下信息、信用、交易、综合服务、金融、物流、人才等方面的变革，利用线上手段改变线下贸易各环节（图1－4）。

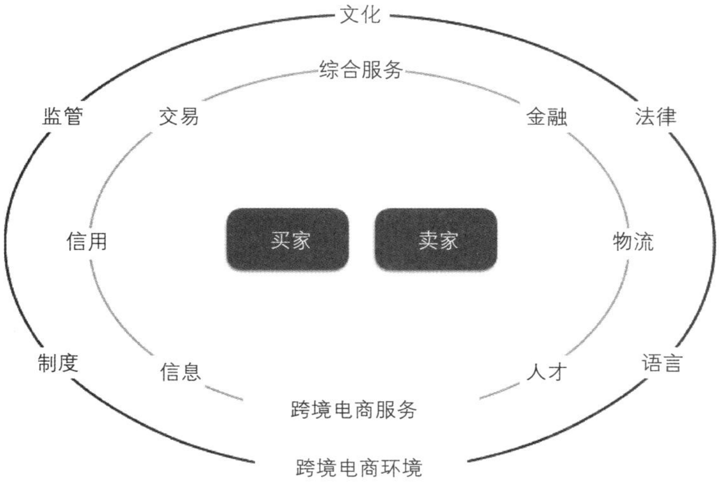

图1－4　跨境电商内涵示意图

跨境电商包含B2B和零售业务［B2C、C2C（客对客）等］两种模式。B2B是指企业与企业之间的信息沟通和交易行为，零售业务是指企业（或个人）与消费者之间的信息沟通和交易行为。

围绕跨境电商交易双方的各类服务是跨境电商不可或缺的重要部分。缺乏信用保障，交易双方（特别是B2B模式下）的线上交易将会面临重重困难。缺乏外贸流程服务，中小企业就需要直接面对烦琐的通关、退税、结汇程序，从而面临较高的出口成本。缺乏必要的跨境支付和物流服务，交易双方就很难做到快速购买和交货。

1.2.3　跨境电商生态圈

由于是不同的国家和地区之间的贸易活动，跨境电商具有与生俱来的复杂性，往往需要多种参与方来共同完成。典型的跨境电商生态由7种参与者构成。

1. 买家

跨境电商中的买家群体比较复杂，具体表现为：①买家商业身份比较复杂，可能是贸易商、采购商、生产商、零售商，也可能是消费者；②买家来源于世界各地，购买习惯、语言文化、消费层次等存在着巨大的差异；③买家规模比较分散，从跨国公司到中小企业再到小微企业，甚至个人商户都可能参与跨境电商。

伴随着跨境电商的不断发展，“买家群体”正变得越来越大，从传统的欧美进口大国，再到印度、俄罗斯、巴西等新兴经济体，从传统的大型公司到中小微企业甚至个人消费者，跨境电商已变成世界互联的重要工具。

2. 卖家

跨境电商对卖家群体有着更高的要求：①对产品和服务提出了更高的要求，卖家必须在产品质量、价格、服务上重新定位，更好地适应新的消费群体；②跨境电商对卖家的运营能力提出了更高的要求，卖家需要在电子商务推广、品牌打造、客户体验及专业协作方面具备足够的能力。

中国跨境电商的主力军依然集中在东南沿海、长三角和珠三角等传统外贸发达地区，广大北方和中西部地区还存在着巨大的发展空间。

3. 跨境电商平台

跨境电商平台是跨境电商的载体，是整个跨境电商生态系统的核心。随着跨境电商市场的发展壮大，越来越多的跨境电商平台不断涌现，中华人民共和国商务部统计表明，2015年我国跨境电商平台企业已超过5 000家。

在跨境电商平台上，既有进口、出口，也涉及B2B、B2C、C2C等。一般来说，出口电商大多集中于中国制造产业，如消费电子类、机械、服装配饰、汽配、家居等。

4. 外贸综合服务商

外贸综合服务是指依据一般贸易进出口专业服务能力，基于互联网等技术，把复杂的进出口流程标准化，再把分散的进出口服务资源集约化，形成以服务为核心的全球供应链服务体系。

外贸综合服务商为企业提供的价值有：①帮助中小微企业降低运营难度，提升运营效率，使更多的企业可以参与到跨境电商中来；②通过大数据服务，为企业提供数据反馈，帮助跨境电商企业产品升级、服务优化。

5. 政府

政府主要指监管机构及各级政府商务部门，为跨境电商提供相关服务及监管。监管机构主要包括海关、商检、税务和外汇管理等部门，为企业办理通关、外汇、退税等事宜；商务部门则为跨境电商提供政策及服务支持。当前政府监管机构服务分散，偏于事前监管，难以适应跨境电商快速发展的需求，亟待改革；而商务部门对跨境电商的专业支持与服务也处于探索之中。

6. 公共服务机构

公共服务机构主要包括教育机构、商圈商会等非营利性服务机构。

教育机构主要指隶属于国家的各级教育事业单位，为跨境电商提供专业人才支持。商圈商会主要包括各地商会及行业协会，为从事跨境电商的企业提供资源整合、专业服务、信息共享等相关支持，推动中小企业抱团取暖，互惠互助，共同成长。商圈商会可以由政府推动，也可以由企业自发推动。

7. 专业服务机构

专业服务机构包括物流、金融、培训、人才、咨询等公司，为跨境电商企业提供跨境电商流程中所需的各种专业服务，推动跨境电商行业更快更好地发展。伴随跨境电商的深入发展，中小企业对专业服务需求度也越来越高。

跨境电商的所有参与主体组成了跨境电商生态群落。跨境电商的发展依赖于其生态圈的平衡发展，任何一方的利益失衡都将对整个生态圈产生负面影响。不管对于政府、跨境电商平台，还是专业服务商，优化跨境电商发展环境，平衡各方利益，打造跨境电商生态圈，实现跨境电商可持续发展，都是必须认真思考的问题。

阿里巴巴跨境电商生态圈

随着阿里巴巴的发展，不论是B2B还是B2C，也不论是进口还是出口，阿里巴巴的平台都有涉及。1999年，阿里巴巴推出跨境贸易B2B平台“Alibaba.com”，并在2011年逐步孵化了B2C零售出口平台全球速卖通。2014年以来，进口业务的机会集中爆发，阿里巴巴推出了代购模式下的淘宝“全球购”，以及海外招商、直邮与保税备货结合的“天猫国际”平台。

同时，阿里巴巴还涉及了跨境电商的各类支持性服务领域中。

2010年，阿里巴巴收购一达通，正式介入外贸流程服务；2013年，在阿里巴巴的主导下，菜鸟物流项目推出，其目标是打造一个开放的社会化物流大平台，实现24小时物通全国，72小时物通全球。

未来，通过阿里巴巴的生态圈（图1–5），中国制造、中国零售有望实现“买全球、卖全球”的商业愿景。

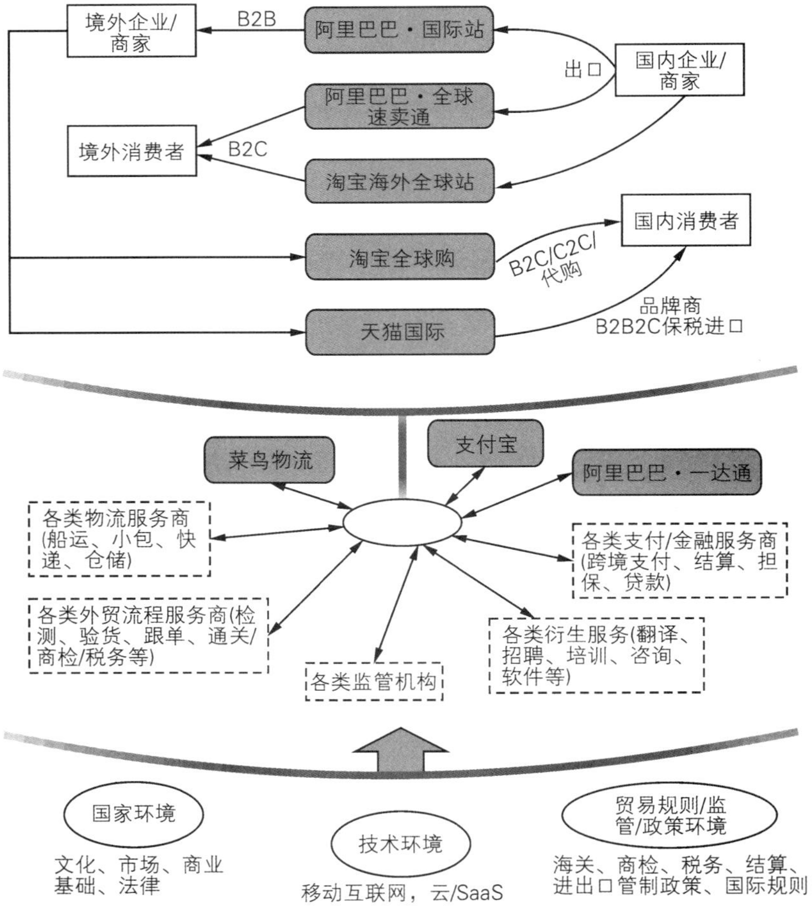

图1－5　阿里巴巴跨境电商生态圈示意图

1.3　跨境电商的来龙去脉

全球贸易中，跨境电商的增长速度已经远远超过传统贸易，2015年全球贸易额增速为2.8%，而仅跨境电商B2C的年增长就超过了20%，中国进出口贸易下降了1.8%，但中国跨境电商增长了30%，中国进出口贸易如果没有跨境电商这一增长点，数据会更难看。跨境电商增长悄然改变全球贸易的版图。

跨境电商喷薄而出，对思维还停留在传统贸易的外贸人而言，曾经非常熟悉的国际贸易变得陌生起来。跨境电商是如何发展起来的？跨境电商未来会怎样改变全球贸易版图呢？

从国际贸易发展的历史来看，跨境电商是必然到来的趋势。现代国际贸易是从第二次世界大战（以下简称“二战”）后发展起来的，每一次进步都是技术与政策的进步，世界各地的商品在不断完善的国际贸易基础设施上更快速高效地流动，生产商和消费者是国际贸易发展的推动者，也是最终的获益者。

1.3.1　国际贸易1.0：无主导者的长链条、低效率阶段

第二次世界大战之后，伴随着战后复苏，国际贸易开始飞速发展，从1950年到1990年的40年中，全世界的商品出口总值从约610亿美元

增加到34 490亿美元。

在这个阶段，国际贸易的主要参与者来自贸易上下游的各环节，如原材料生产商、生产商、出口贸易商、进口贸易商、批发商、零售商和消费者（图1－6）。他们彼此之间没有明确的中心，也没有紧密的关系，主要采用价格机制进行协调。在这个阶段，信息技术的主要功能是电信沟通，以及一些初步的标准格式数据交换。商业基础设施的占有/控制权分散在国际贸易的各个环节中。

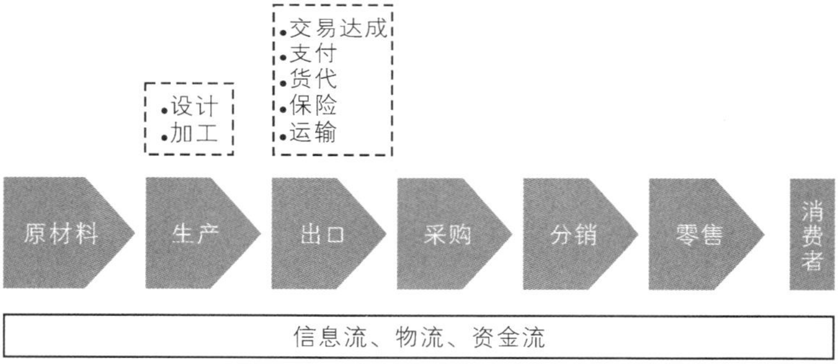

图1－6　国际贸易第一阶段生态图

基础设施的改善和自由贸易规则的形成，是1950～1990年国际贸易繁荣发展的主要原因。

一是以交通运输为主的技术大发展。1980年，集装箱货运的比例超过其他海运形式。1920～1990年，美国港口装载费用降低了约2/3。1930～1990年，纽约到伦敦的通过费用从每分钟8.2美元左右降低到1.1美元左右。技术的发展大大地降低了国际贸易各环节的成本，促进了大宗货物的出口。

二是关税及贸易总协定框架下的现代贸易规则形成。1947年，关税及贸易总协定在日内瓦签订。1947～1990年，缔约各国政府举行了8次多边贸易谈判，逐步开放了全球市场。

伴随着国际贸易的体量不断增加和全球市场逐步开放，欧美之外的外向型经济开始崛起，韩国、新加坡、中国台湾、中国香港高速发展，其中中国香港和新加坡成为世界重要的贸易中心。中国也在这一时期扩大开放，内地大量的工厂与港澳进出口贸易商开始进行对接。

1.3.2　国际贸易2.0：跨国公司主导的中心化、高效率阶段

伴随着中国对外开放力度不断加大，跨国公司进入以中国为主的全球各地市场，越来越多在本地（特别是中国）具有优势的生产、贸易、零售企业参与到全球大分工当中，而跨境公司则成为国际贸易的重要参与者和主导者。

1990年后，国际直接投资大幅增长，远远超过同期世界贸易增长率。1992～2005年期间，国际直接投资总额增长约500%，而同时期贸易额仅增长了140%。

2000年左右，跨国公司国际化进入新阶段，制造类巨型跨国公司和零售采购类跨国巨头开始主导国际贸易。2000年后，跨国公司的分支机构一度占到全球GDP的10%和全球出口量的1/3。2012年，由跨国公司主导的全球价值链占全球贸易大约80%的份额。

2005年中国出口总额中，有58%来自外商投资企业，1 019亿美元

的贸易顺差中，外商投资企业更是占到总额的83%。

在这一阶段，全球形成了以跨国巨头为中心的全球价值链，以中国为主的各国本土中小企业分化为各种OEM，为ODM和OBM（原始品牌制造商）提供配套服务（图1－7）。伴随着各产业链分工更加精细化，零部件的贸易链的不断上升，跨国巨头整合了发展中国家的众多本地企业，形成了全球生产网络。同时，在这个过程中，中国企业通过OEM生产加入了全球分工网络，在与跨国巨头的合作中不断学习、不断升级。

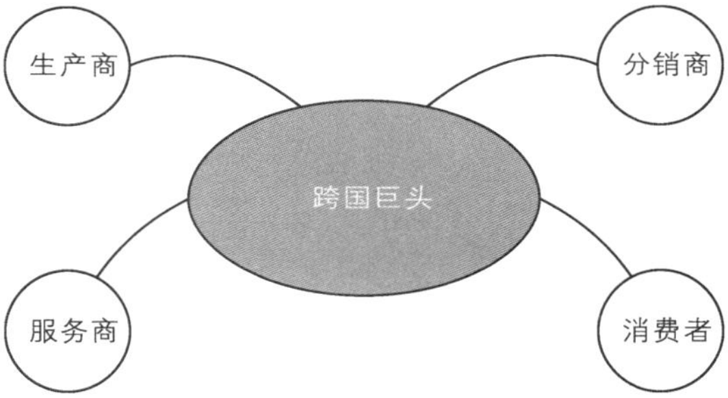

图1－7　国际贸易第二阶段生态图

这一阶段促成国际贸易快速发展的外部因素主要有两条：一是WTO规则的建立。1995年，世界贸易组织正式成立，WTO框架下的贸易规则不仅促进了出口，还极大地促进了国际直接投资。2001年，中国正式加入WTO，也标志着中国产业对外开放进入一个全新的阶段。二是IT（信息技术）系统在企业间的应用开始形成规模，跨国巨头建立了自己的电子数据交换系统、跨国采购系统，跨境电商平台开始出现。

在这个阶段，跨国巨头掌握了较成体系的信息系统、物流体系，拥有实力强大的进出口业务部门和政府事务处理部门，同时也拥有较好的银行关系。这一阶段，跨国巨头控制了国际贸易中的基础设施，具有巨大的规模优势和集中化优势。中国众多的供应商、分销商只有依附在跨国巨头周边，通过跨国巨头的集中化协调，才能对接到更多需求，接到大订单，从而使自身利益最大化。

1.3.3　国际贸易3.0：中小企业主要参与的跨境电商时代

20世纪末，当互联网发展起来后，国际贸易的信息越来越透明，传统的贸易中间商的价值被互联网像切香肠一样不断吞噬。尤其是在2008年世界金融危机之后，由传统跨国公司主导的全球贸易版图开始重构，跨境电商推动着中小企业成为全球贸易的主体。现在，虽然跨国公司在全球贸易的交易总量上还占据主流地位，但是已经有数倍于跨国公司的中小企业参与了进来。这些被跨境电商重新组织起来的中小企业，在新的商业基础设施上获得赋能，从而具备了“蚂蚁”战胜“大象”的可能性。

跨境电商时代已经来临，主要是客户习惯、订单特征、服务体系和参与主体上发生了重大改变（图1－8）。

图1－8　跨境电商时代来临的原因

1. 客户习惯在改变

从消费者角度来看，互联网的快速普及促使越来越多的消费者开始网购。1990年，全球只有100万左右的互联网用户。而到了2014年，全球互联网用户已经突破28亿，占全球总人口数量的28.7%。据欧盟数字议程（Digital Agenda for Europe）报告显示，2014年欧盟有12%的个人参与到了跨境电商之中。根据DHL的调研，有网购习惯的消费者中，有45%参与跨境购买，在工业化国家中，这个比例上升到53%（图1－9）。

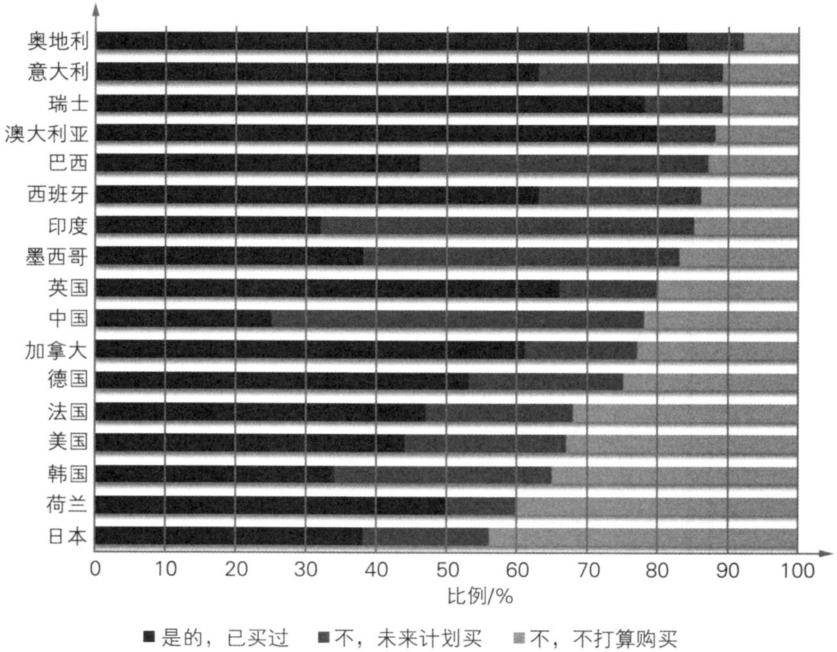

图1－9　主要国家网购消费者跨境购物意愿图

资料来源：DHL调研报告 *Shop the Word*

从国际采购商的角度来看，随着互联网基础设施的普及，越来越多IT能力薄弱的中小买家开始通过跨境电商平台实现全球采购。阿里巴巴国际站数据显示，小于1年外贸经验的跨境买家占平台买家总数的49%。

2. 订单特征在改变

金融危机以来，由于全球经济形势的不明朗和需求的持续低迷，传统跨国巨头在世界范围内的扩张有所下降，大型采购商主体数量不断减少，大订单、长订单锐减。2012年，国际直接投资下降18%，发展中国家吸收的直接外资有史以来第一次超过发达国家。

金融危机之后，海外家庭消费能力下降，海外零售商为了响应低价的需求，被迫寻求摆脱传统高成本的供应链渠道，尝试通过跨境电商平台寻找质优价廉的商品和供应商。因此，国际贸易的订单呈现出了“小批量、碎片化、高频率”的特征。阿里巴巴旗下一达通数据显示，2015年一达通平台上订单金额在1万美元以下的占总体订单数量的48%。

3. 配套服务体系在完善

伴随着全球网购客户数量的快速增加，和订单“小批量、碎片化、高频率”的转变，在信息技术的推动下，新的社会化大分工正在形成。国际贸易各环节的专业分工越来越细，配套服务体系越来越完善，原先企业内部必备的业务板块可以在市场上便捷采购到。

跨境电商时代，以平台企业为主，在各类型第三方服务机构的共同努力下，重新构建了国际贸易的商业基础设施，并能以较低的成本提供给中小企业，赋予了中小企业原先跨国巨头才具备的业务能力。

“通关、退税、结汇”是一直以来困扰中小企业的难题，以一达通为代表的外贸综合服务商，通过化零为整，聚集企业需求、集中解决问题，实现了“不懂进出口，也能做外贸”，极大地降低了企业的外贸门槛，扩大了贸易范围，提高了贸易效率。

对于跨境电商B2B卖家而言，信任和跨境支付一直是制约企业快速发展的瓶颈。阿里巴巴信用保障体系的出现，通过类似“支付宝”的方式解决了这一难题，帮助中国企业为海外买家提供安全保障，从而提升交易效率，保障了支付安全。

对于跨境电商B2C卖家而言，如何低成本、阳光化地将海外销售收入转入国内一直是难题。PingPong的出现，通过整合中国需求和海外专业力量，有效地将卖家转账成本从5%降低到了1%，并实现了全程阳光化监管。

对于初涉跨境电商的制造业企业而言，如何有效地在线上实现产品销售是面临的第一个困难。傲基、尚睿等公司的出现，利用自有线上店铺的庞大流量，通过类似线下分销的方式帮助制造企业实现第一阶段的产品销售。

4. 中小企业地位在提升

2015年，受全球贸易市场需求疲软影响，世界各国出口量骤减。中国在出口增速为－1.8%的情况之下，出口份额跃居至全球贸易总量的

13.5%，较2014年大幅提升1.5%。

成绩背后，是数量庞大的中小企业起到了至关重要的支撑作用。从出口额占比来看，2010年开始，非国有企业占我国出口总额30%以上，尤其2013年已接近40%。2015年，我国中小外贸企业数量将近500万户，完成了我国约60%的对外贸易总额。

在跨境电商平台上，绝大部分供应商都是中小民营企业甚至个体卖家。麦肯锡的《中国的数字化转型》报告认为：中国的互联网释放了中小企业群体的力量，提高了它们的出口能力。通过阿里巴巴、全球速卖通等接触海外客户，众多中国中小企业正在成为“小微跨国企业”。

国际贸易第三阶段生态如图1－10所示。

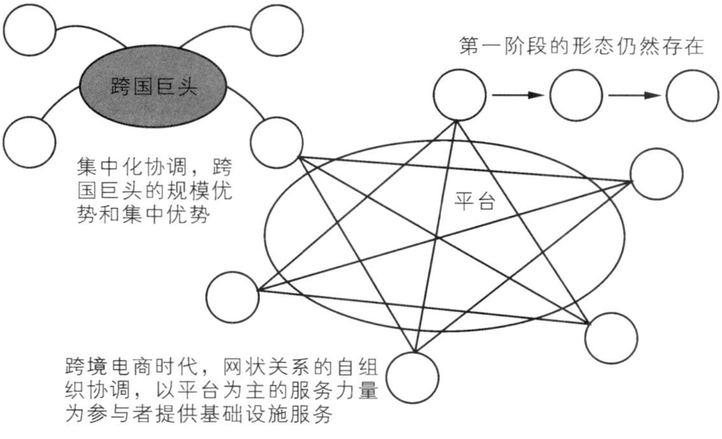

图1－10　国际贸易第三阶段生态图

附　录

跨境电商B2B业态发展的三个阶段

中国跨境电商的崛起并非偶然，它是伴随着中国经济转型逐渐成长并发展壮大的。让我们来细数一下中国产业经济的转型历程。

第一次转型发生在1978～1997年，中国产业经济从重工型计划经济向产业轻型化转型，内需是重点解决问题，到1997年，中国已经成为一个非常繁荣的国家。

第二次转型发生在1998～2014年，产业经济从轻型化向重型化转型的同时，从内向型经济向外向型经济转型，“消费、出口、投资”成为支持中国经济发展的三驾马车。1998年起政府逐渐取消了外贸进入中国的限制，几十万家中小外贸企业支撑了中国经济发展的第二驾马车。

第三次转型正在发生，产业经济从重型化向“互联网＋新金融”转型，“互联网＋”时代全面到来。2015年，全球经济进入通缩期，中国传统制造业四大成本优势全部丧失，全球贸易下滑，外贸增长乏力，传统商业模式陷入困境，而“互联网＋”成为改造传统产业的重要手段，在这种背景下，“互联网＋外贸”逐渐成为社会关注的热点，跨境电商得以快速发展。

跨境电商1.0阶段：交易撮合

1998年，中国70%的工业制成品产能过剩。为了“去产能”，政府逐渐开放外贸的限制权，允许民营企业做外贸。1999年，马云在杭州创立了阿里巴巴，在互联网上搭建了一个B2B的交易集贸平台，以外贸撮合为主。阿里巴巴的成立，标志着国际贸易正式开始触网，跨境电商进入1.0阶段。

在这个阶段，以信息服务、交易撮合为主的跨境电商平台快速发展，涌现出了如环球资源网、中国制造网、韩国EC21网、Kellysearch等知名跨境电商平台。1999年后，中国的进出口额扶摇直上，实现从1万亿元到10万亿元的突破，阿里巴巴是其中的主攻手。

跨境电商1.0阶段，跨境电商平台通过线上信息展示，很大程度解决了中国制造走向全球的渠道问题，但对于广大的中小企业而言，支付、信用等环节仍存在较高壁垒。

跨境电商2.0阶段：综合服务

早期的阿里巴巴国际站，只是简单地把各方信息云集呈现，本身并不参与交易。一达通和敦煌网成立后，吸取了阿里巴巴B2B平台模式，并对其进行了补充升级，将国内的外贸业务打包，为中小企业提供以通关业务为主的跨境电商综合服务，帮助其在国外找到买家。一达通和敦煌网参与到外贸交易流程中，标志着跨境电商进阶到2.0阶段。

一达通是国内第一家面向中小企业的进出口流程外包服务平台，为中小企业提供通关、物流、外汇、退税、金融等所有进出口环节服务。敦煌网瞄准小额批发市场，面向平台上的中小企业，提供物流、支付等外贸相关服务：在物流上，敦煌网与UPS、DHL、EMS等国际大型物流公司实现后台数据对接；在支付方面，与PayPal、GlobalCollect等国际第三方支付机构建立战略合作伙伴关系，同时建立自己的支付体系DHPay。

相较上一阶段，跨境电商2.0阶段更能够体现电商的本质，帮助更多企业走向了世界。然而，它的弊病也很明显：①它是基于一般贸易流程的线下服务改进，线上部分没有闭环，无法沉淀数据，外贸效率提升空间有限；②众多会展、销售的地面人员让其不如跨境电商1.0阶段那样轻盈，过重的模式限制了它们的发展速度。

跨境电商3.0阶段：线上交易闭环，线下生态系统

相较之前，跨境电商3.0阶段是一次完整的、从产业链到政府的、全社会的升级。在这个阶段，来自政府、电商企业、物流企业、支付企业的外贸相关数据汇聚，第一次形成闭环，大数据开始真正走入中小企业、服务中小企业；同时，以跨境电商交易双方为核心，跨境电商生态圈也越来越丰富。

1. 各级政府参与，推动跨境电商健康发展

如果说跨境电商1.0阶段和跨境电商2.0阶段是市场自发形成的过

程，那么进入跨境电商3.0阶段，政府则开始登上前台，扮演越来越重要的角色。

政府打破内部壁垒，提升跨境电商监管效率。从事外贸出口的中小企业，每年都会花费大量的时间和精力与海关、检验检疫、工商、银行等部门打交道。跨境电商3.0阶段，政府从审批型政府向服务型政府转型，通过互联网集合跨境电商相关的各个部门，形成“单一窗口”综合服务平台，使得企业可以通过一个窗口办理所有跨境电商相关的政务手续，极大地提升了企业的出口效率。

政府构建信息平台，助力跨境电商线上闭环。通过“单一窗口”综合服务平台，外贸企业相关的报关、检验等信息以数据化的方式呈现出来，与订单、物流、交易信息融合，形成线上闭环，进行数据沉淀，为“大数据”时代提供了土壤，与大数据企业共同为中小企业赋能，帮助其通过跨境电商做大做强。

2. 平台各显神通，帮助中小企业成跨境电商主体

跨境电商进入3.0阶段，越来越多的中小企业参与到跨境电商的热潮之中。与此同时，国际贸易也呈现出“小批量、碎片化、高频率、定制化”的趋势。为了帮助中小企业更好地适应新趋势，我国出现了数量庞大的、各具特色的跨境电商平台及综合服务企业。

3. 移动端发力，推动跨境电商进入人人时代

随着移动互联网时代的到来，电商从传统的PC（个人计算机）端，逐渐转移到移动端，以移动端为载体的电商模式迅速发展壮大。移动技术的进步使得线上与线下消费之间的界限逐渐模糊，消费者线上的体验

感更强，新生代消费者已经完全离不开电商消费。

跨境电商同样处在从PC端到移动端迁徙的时代，各大电商平台纷纷加强跨境购物的移动端建设，迎合消费者的碎片化跨境购物需求，争夺移动端的入口。数据显示，越来越多的海外买家开始通过移动端在阿里巴巴平台发起询盘。2015年，接近四成的买家使用移动终端发布采购需求。2015年无线UV（网络独立访客）增长趋势如图1-11所示。

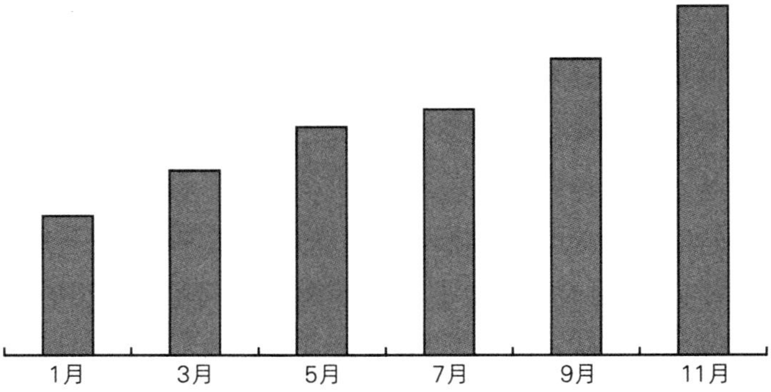

图1－11　2015年无线UV增长趋势

数据来源：阿里巴巴2015年B2B电商市场报告

4. 大数据沉淀，赋能跨境电商中小企业

数据是互联网的本质价值，是最有经济效益的生产要素。同时，环境资源越用越少，而数据是越用越多，这是无与伦比的优势。过去十几年，跨境电商只是信息展示，没有数据沉淀，因此外贸并未真正享受互联网变革的红利。

进入跨境电商3.0时代，伴随着政府的深度参与和跨境电商底层设施的不断完善，跨境电商交易将形成数据闭环，大量有效的数据将被沉淀下来。

大数据将为中小企业赋能，一方面实现精准营销及柔性化生产，推动中小企业转型升级发展；另一方面可用于构建基于真实交易的信用保障体系和金融服务体系，解决中小企业在跨境电商交易过程中的信用保障和融资问题。

大数据将推动中国出口从成本优势转向为新型服务优势，帮助中国出口找到出路。同时，依托与全世界进行跨境电商贸易过程中沉淀下来的大数据，中国将有望成为全球跨境电商的数据枢纽，这有助于我国掌握贸易主导权，积极推动制定国际贸易新规则。

第二章　跨境电商对企业的价值

要点提示

1. 跨境电商为传统企业带来新的生机，将从贸易链、产业链、价值链3个方面重构中国的外贸模式。
2. 面对跨境电商大势，从上至下、不同层面的各个主体均参与了进来，正从不同角度积极改善着跨境电商生态圈。

2.1　跨境电商可以为企业带来的价值

对于中国众多的制造业企业、出口企业而言，当下的阵痛很真切，这几年真的很难熬。中国的GDP增速在2007年还是14%以上，而2015年只有6.9%，下降了50%以上。而且这还只是官方统计下的平均值，与出口相关、特别之前是以代工为主营业务的企业，实际情况要糟糕很多。

因此，中国经济未来会怎么样，企业未来的出路到底在哪里，是当下企业最关心的几个问题之一。而想解答这个问题，就必须回到过去，从历史演进的角度进行探讨。

2.1.1　中国高速发展的背景分析

中国从改革开放以来取得了人类历史上伟大的成就，这是因为我们中国人自己的努力吗？当然是，中华民族自古以来就以勤劳著称。但这并不能完美解答中国速度，中国人一直很努力，包括在改革开放前，有极大的劳动积极性，但是为什么没有如此之高的经济增长速度呢？

过去30多年中国的高速增长并不完全是由于中国人的努力，从贸易角度看，这是中国与发达国家相比形成了巨大的势差和后发优势造成的（图2－1）。

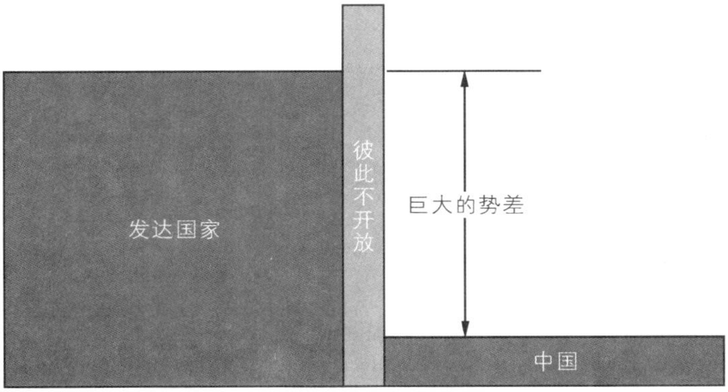

图2－1　改革开放前，中国与发达国家的巨大势差

改革开放前，中国并没有融入全球的社会化大分工体系之中，农民、工人的收入水平持续维系在一个较低的水平，中国企业关起门来自

己竞争。与此同时，发达国家通过内部之间，以及与部分发展中国家及地区的相互贸易已经获得了长足发展，使得中国与发达国家之间形成了一个巨大的势差。

改革开放后，中国与发达国家之间的壁垒被打破、通道被建立，在巨大势差的作用下，海外大量的资本、技术流入中国。

近百倍的人工成本差距，是海外资本逐渐进入中国市场的直接原因。同时，在很低的要素价格基础上，制度运行成本的改善也为外资进入中国创造了极其有利的条件。

2001年，中国正式加入WTO，中国对外开放进入一个全新的阶段。2013年，中国货物进出口总额4.16万亿美元，超越美国成为世界最大的贸易国家。

2.1.2 为什么当下面临巨大困难

中国高速发展的前30年，也是全球经济格局快速变化的30年。在技术革命的影响下，伴随着工资、生产力、能源成本、汇率等因素的变化，全球制造业的竞争版图发生巨大的变化。以出厂价为例，中国制造业的成本优势（综合所有细分行业）相较于美国，已低至不足5%；巴西制造业成本已远高于很多西欧国家。除去中国和韩国，世界前十大贸易国中其他国家的制造业成本比美国高出10%～25%（图2-2）。

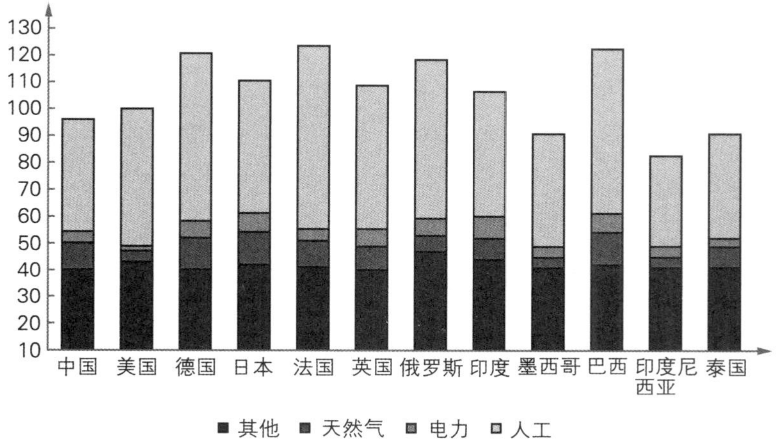

图2-2　2014年制造业成本指数对比

数据来源:波士顿咨询公司

1. 中国人口红利期结束

对于中国而言，人口红利消失是综合成本上升的重要原因之一。中国高速发展的过程中，市场对劳动力的需求增长速度逐渐超过劳动力供给的增长速度。2004年，中国达到“刘易斯拐点”，市场中开始出现民工荒，随后工资开始持续上涨。世界主要国家单位劳动成本对比见图2-3。

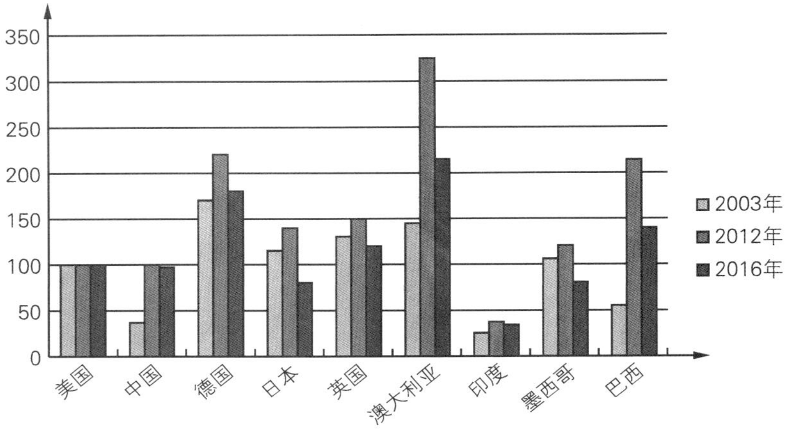

图2－3　主要国家单位劳动力成本对比（以美国为基准）

数据来源：牛津大学经济研究院

2010年，中国劳动年龄人口（15～59岁）的增长达到峰值。2011年中国该年龄段人口出现负增长。2012年中国劳动年龄人口减少了345万，劳动人口占总人口的比重比2010年下降0.6%，同时人口抚养比例开始上升，中国的人口红利期正式结束。

2. 资源压力越来越大

作为人均资源稀缺国家，除了煤炭之外，中国工业化所需的45种主要能源与矿产资源的人均占有量都排在世界80名之外。近年来，我国约有80%的铜、74%的镍、65%的铅、57%的锡、37%的锌、35%的铝资源要依靠进口。同时，我国人均耕地水平也仅仅是世界平均水平的1/3。2012年各国环境与自然资源退化和枯竭占国民总收入百分比见图2－4。

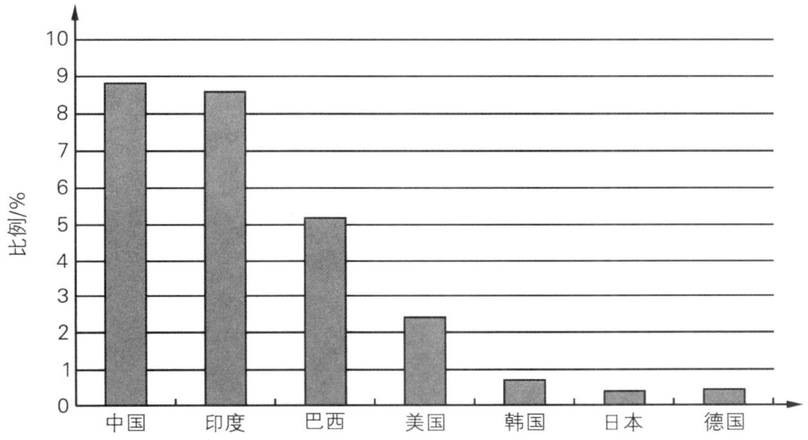

图2－4　2012年各国环境与自然资源退化和枯竭占国民总收入百分比

数据来源：世界银行

国际能源署（IEA）的《世界能源展望2011》宣称，未来25年，中国对能源的需求将增长30%以上，成为全球最大的几个能源消耗国之一。《世界能源展望2015》则宣称，2040年全球能源消费增长1/3，将全部来源于中国、印度、东南亚等国家和地区，2030年中国将超越美国成为世界上最大的石油消费国。能源和自然资源将严重制约着中国经济的增长。

3. 国际需求快速下降

2001年至2008年，中国出口依存度快速增加。2002年，中国出口依存度突破50%；2005年，这个数字增长到63%；2006年，更是历史性地达到67%的高点。此后，受内外需结构调整的影响，我国出口依存度开始逐步回落，2008年为60.2%。

如此高的依存度，意味着以美国为主的国际需求一旦减弱，我国的经济一定会面临问题。2012～2014年，全球贸易增速连续3年低于3%，年均增速仅为2.4%。2015年，我国出口额相较2014年下降1.8%。

中国经济对全球市场的高度依赖，以及金融危机后国际需求的快速下滑，是导致中国经济、中国企业困境的重要原因。

所以，在以人口、资源为代表的成本上升的大背景下，中国与发达国家的巨大势差快速的消失，中国外贸优势在不断减弱，而金融危机后国际需求的疲软则加剧了这个过程的发生。

2.1.3 跨境电商将如何改变中国制造

1. 传统模式难以为继，中国企业面临变革

成本不断上升、势差快速消失，中国外向型企业的传统竞争优势不再存在，传统商业模式难以为继。摆脱经济增长困境，顺利实现转型升级，在“新常态”下继续存活和发展，中国外向型企业有两条出路。

（1）维系传统的商业逻辑，将企业迁移到仍具备巨大势差的国家或地区。

中国传统制造业企业（特别是人力密集型）在商业模式不变的基础上，若想维持原先的成本竞争优势，唯一的选择是将生产场所转移到具有成本优势的国家或地区。

据统计，跨国公司最看好的外迁国是东南亚地区的国家。相较中

国，其人力成本占绝对优势。中国东部沿海地区工人月薪平均500美元，印度尼西亚大约是300美元，而越南则只有250美元。以一家10 000人的工厂为例，迁移到东南亚地区，一年劳动力成本可以节省2 000万～3 000万美元（约1.2亿～1.8亿元人民币）。同时，相较中国，东南亚的土地成本、环境成本、税收成本也具有一定的优势。

但向外转移并不是一条坦途，管理方式的差异、政治环境的稳定程度、基础设施的完善程度及产业链配套情况都极大地影响了产能转移的成功率。如2013年11月，泰国爆发政治动荡，多家汽车制造商尝试退出该国。2014年4月，柬埔寨两个经济特区30家企业的工人罢工，要求发放奖金和增加工资。据柬埔寨方面统计，罢工给整个行业造成了约2.75亿美元的损失。

从物流角度来看，截至2013年，世界货物吞吐量排名前20大的港口中，中国独占9席，美、日、澳各占2席。世界货物吞吐量排名前20大的机场，亚洲占7席，美国占7席。

（2）改变传统的商业逻辑，增强研发走品牌化道路，寻找新的竞争优势。

基于本土进行生产的前提下，传统制造业企业若想摆脱增长困境，只能选择转型升级，增强研发注重产品，通过近距离接触最终客户走全球品牌化的道路。

商务部数据显示，2012年自有外贸品牌出口总额占全部出口总额的49.7%。2013年广交会，品牌展区成交额占总成交额的36.65%。拥有品牌的企业大大增加，品牌竞争力不断增强。

但是，传统的品牌创建方式费时费力，而且需要巨大的资本投入，这对广大中小企业是无比艰巨的挑战。

2. 跨境电商重构传统企业商业逻辑

跨境电商的出现，开启了外贸的新时代，为中国企业特别是其中的中小企业提供了难能可贵的转型升级机会，使得品牌化的目标不再难以企及。跨境电商重构传统企业商业逻辑见图2－5。

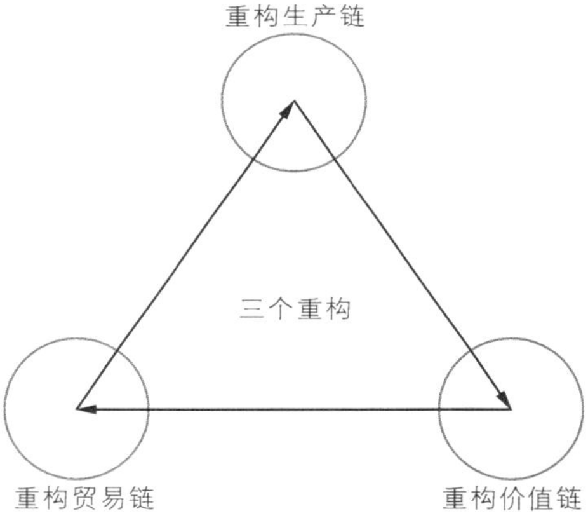

图2－5　跨境电商重构传统企业商业逻辑

（1）重构贸易链。

传统的国际贸易中，产品需要经过多级出口商、多级进口商、多级分销商，各环节不断累加，最终各环节成本均会转嫁到终端价格中，大大制约了终端客户和生产两端的积极性。

跨境电商出现后，传统企业获取客户的能力大幅度提升：①面向全球，为全世界每一个潜在客户提供产品和服务；②跨过层层的中间贸易商，通过无中介的销售渠道，与终端客户直接接触。“扁平化”成为跨境电商时代中国际贸易的新特征，传统贸易链被重构了。

（2）重构生产链。

传统工业化模式下，大批量、规模化、流程固定的流水线生产，是以贸易商的需求或某时段销量为参考决定本期生产规模，具有比较大的盲目性；同时由于信息不对称，涉及产品的大部分零件和环节都在企业内部进行，外协加工工序有限，占用了大量的资金和资源，难以实现利润最大化。

跨境电商背景下，生产企业和终端客户的需求紧密地联系在一起，使得需求信息得以快速地传递给生产者，按照需求组织生产，使得生产模式的特征从大批量、标准化转向为小批量、高频率、多品种，传统生产链被重构了。

（3）重构价值链。

跨境电商时代中，企业品牌打造及营销成本大幅度降低。据国际数据公司（IDC）调研结果显示，利用互联网作为广告媒体进行线上促销活动使销售额增长10倍，而费用只是传统广告费用的10%。

同时，互动性、灵活性、人性化的特点也使得跨境电商企业更容易建立自己的品牌：①跨境电商企业与客户间的交流更加便捷通畅，企业可以依据客户的不同需求提供多种服务，最大可能满足客户；②跨境电商互动式的沟通方式，使得客户可以轻易表达自己对品牌、产品、服务的评价，从而使企业可以针对性地提高产品及服务水平，增加客户的满意度和忠诚度。

因此，相较传统国际贸易，跨境电商中的企业更容易建立自己的品牌，更容易进入价值链的高端环节。

3. 中小企业将成为跨境电商主力

传统国际贸易中，企业之间的协作是单向的、线性的、紧耦合的控制关系，大的品牌商往往处于价值链中心，控制、整合供应链系统。

跨境电商时代，以企业为中心的格局逐渐消失，转变为以消费者为中心的全新格局。由于信息和数据是全方位、实时、海量的，所以企业间的协作要与互联网一样，成为网状、并发、实时的协同关系。跨境电商时代中的价值网不再要求大集中和规模经济。价值创造的核心在于联网，而不是规模。

马云说："过去二十年全球化是帮助大企业走向世界，未来二十年我们应该利用互联网帮助小企业走向世界。"由于节约了信息成本，降低了交易费用，外贸流程等服务方式越来越成熟，企业不必维持庞大臃肿的组结构，低效、冗余的价值链环节逐渐消亡，新的高效率环节不断兴起，组织的边界收缩，中小企业将成为跨境电商的主力军。

对于广大中国中小企业来说，跨境电商是一次难得的机会，可以使那些原本缺乏资金实力，但产品或者服务却有一定竞争力（如产品可以满足某细分市场的垂直需求；如深度了解客户偏好，可以通过优质的服务提升客户体验）的中小企业突破传统国际贸易下的壁垒，实现自身的转型升级。

宁波泛太国际工贸有限公司（以下简称“宁波泛太”）成立于1998年，主要经营五金工具、花园户外类产品，主要市场是欧美、澳大利亚市场的DIY（自己动手做）市场，主要客户是连锁超市和海外进口商，宁波泛太可以为其提供一站式解决方案。

2010年，受经济危机的影响，宁波泛太传统模式下的盈利每况愈下，被迫之下开展阿里巴巴国际站业务；进入跨境电商的前几年，由于公司投入、历练不够，线上业绩并不明显；2014年，宁波泛太针对跨境电商配备了十几个人的专业团队，业绩开始快速提升；2015年，来自跨境电商的营业规模已经达到了4 000多万元。

对于宁波泛太而言，营业额的稳步提升只是跨境电商带来的正面效果之一。除此之外，宁波泛太还：① 培养了基于自身的研发能力。之前十多年的代工生涯并未帮助宁波泛太培养研发能力，之前接触的都是进口商和大型采购商，宁波泛太只需“把事情做对”，而不需要考虑“做什么、怎么做”。跨境电商时代，宁波泛太接触了大量的终端零售店和用户，从需求出发培养了研发能力。② 提升了利润水平，看到了品牌的希望。从2014年下半年开始，宁波泛太的小客户、小订单开始增加，这部分客户的特征是：更愿意沟通、对厂家品牌的接受度较高、议价能力相对较弱。宁波泛太计划，未来加大力量发展海外小客户，争取2018年实现70%的客户占比是小客户。

2.2 面对巨变，各相关方都在行动

在全球经济低迷、中国出口乏力的大背景下，跨境电商成为中国经济发展的一大亮点。2015年，全国跨境电商进出口交易额相较2014年增长33%，其中出口业务占比85%，跨境电商出口增长趋势明显。

以浙江省为例，2015年累计出口17 174.2亿元，增长2.3%，增速在沿海各外贸大省（市）中保持明显优势。浙江省内，杭州市表现突出，2015年出口总额444.6亿美元，增长3.98%。其中，跨境电商功不可没，2015年杭州市跨境电商出口总额22.73亿美元，拉动杭州外贸出口增长5.4个百分点。

浙江省的情况是全国跨境电商发展的一个缩影，政府和企业一起在主动探索，寻求“互联网＋外贸”实现新突破。

2.2.1 国家在行动

2014年，中华人民共和国国务院对电商企业、跨境支付、海关通关等实施的一系列开放性政策，使得跨境电商走入公众视野。在国务院常务会议上，李克强总理表示：“过去有人总觉得，要关上贸易大门，好像这样才能保护我们的工业……但事实上，关起门来发展的结果就是保护落后。要真正让企业‘走出去’，在开放中提高创新能力和竞争力。”

2015年，中国（杭州）跨境电子商务综合试验区（以下简称“杭州综试区”）从“正式提出”到“获得批复”仅用了4个月时间，这是国家在综合改革领域批复最快的一次；同年，国务院副总理汪洋在9个月内两次调研杭州综试区，这是国家级领导在综合改革领域出现最频繁的一次。

2016年1月，国务院常务会议上明确提出部署新设一批跨境电子商务综合试验区，用新模式为外贸发展提供新支撑。2016年1月15日，经李克强总理签批，国务院印发《关于同意在天津等12个城市设立跨境电子商务综合试验区的批复》，同意在天津市、上海市、重庆市、合肥市、郑州市、广州市、成都市、大连市、宁波市、青岛市、深圳市、苏州市12个城市设立跨境电子商务综合试验区。

1. 推动跨境电商，中央政府不遗余力

2013年至2016年年初，在3年的时间里，中华人民共和国国务院、国家发展和改革委员会、商务部密集下发了11条与跨境电商紧密相关的政策。其中，国务院更是在31个月内连续8次发文，明确了跨境电商在经济增长、转变政府职能、提升国际贸易话语权上对我国的重要意义。

国家发展和改革委员会主持跨境电商的总体改革，组织跨境贸易电子商务服务试点项目，协调各部门工作，打破信息壁垒，推动“关”“检”“税”“汇”“商”“物”“融”实现“信息互换、监管互认、执法互助”，以适应跨境电商时代的新要求。

商务部负责推动“单一窗口”的建设，通过信息化服务平台的打

造，建立信息交换共享机制，构建政府部门间的联合执法新模式，提高对外贸易的整体监管效率，提升政府的综合服务能力。

2. 监管与服务并重，中央部委勇于创新

作为与跨境电商直接相关的监管部门，在24个月的时间里，“关”“检”“税”“汇”累计下发了12条与跨境电商紧密相关的政策法规。

针对国际贸易“小批量、碎片化、高频率”的新趋势，中华人民共和国海关总署大胆突破传统的监管模式，在短短16个月的时间内，连续下发7条与跨境电商相关的重要政策，探索包括直购进口、网购保税、一般出口、特殊监管区域出口在内的四种进出口模式。

为解决跨境电商发展中“结汇难”的问题，中国人民银行鼓励银行和支付机构参与，并配合国家外汇管理局在跨境电子商务试点城市推出的新政策，实施了一系列阳光化的动作，明确了要进行跨境电商支付业务试点，批复了17家第三方支付企业。

针对出口企业“退税难”的问题，中华人民共和国财政部、国家税务总局共同出台政策，明确了企业享受增值税、消费税退（免）税政策的条件，打破传统零售出口的障碍坚冰，推动了跨境电商出口的进一步发展。

2.2.2 地方在比拼

面对跨境电商这一重大机遇，各地争先恐后，都把跨境电商作为推

动经济转型升级和赶超发展的“一号产业”。

1. 沿海城市先行先试，又一次走在了改革前列

面对跨境电商的热潮，大多数沿海城市都十分重视，把跨境电商作为推动外贸转型、促进企业升级的重要抓手。

中国（杭州）跨境电子商务综合试验区是我国第一个跨境电子商务综合试验区。截至2015年12月底，杭州综试区已建各类跨境电商园区13个，引进企业366家，在杭州综试区“单一窗口”综合服务平台上备案的企业超过4 100家。

杭州市市委书记赵一德明确表示：“跨境电商是推进供给侧结构性改革的重要途径，是转变外贸发展方式的根本途径，也是我市推进城市国际化的重要内容。要以更高的站位，顺应全球产业发展趋势，突出‘四个注重’，深化先行先试，服务企业高效对接国际市场需求，进而提高供给的质量和效率、抢占发展制高点和话语权。”

广州是国家跨境贸易电子商务试点城市，也是最新批复的跨境电商综试区。截至2015年10月，广州跨境电商进出口额达65.4亿元（含直购进口），增长9.2倍，开展跨境电商业务的企业达到777家，其中电商企业630家、物流企业112家、支付企业35家，另外，广州已有跨境电商体验店（展示店）超过20家。

深圳是国务院最新批复的跨境电商综合试验区，其外贸出口连续20年居全国第一，强有力的传统外贸催生了深圳高度活跃的跨境电商企业。2014年，深圳跨境电商进出口试点全面启动。截至2015年10月，

深圳前海实现跨境电商进出口额8.6亿元，同比增长400%。截至2015年12月底，超过4 000家电子商务类企业在深圳前海注册，159家跨境电商进出口试点企业完成海关备案。

宁波是我国首批跨境贸易电子商务试点城市和最新批复的跨境电商综试区。截至2015年11月，宁波跨境电商试点业务进出口总额50.98亿元，宁波跨境电商备案企业540家，备案商品63 385种。

2. 内陆城市依托自身优势，通过跨境电商实现弯道超车

对于广大的内陆城市而言，跨境电商是一次难得的弯道超车机会。截至2016年1月底，已有重庆市、合肥市、郑州市、成都市被国务院批准建立跨境电商综合试验区。

郑州是首批跨境贸易电子商务服务试点城市和最新批复的跨境电商综合试验区。截至2015年11月25日，郑州E贸易进出口业务量占郑州空港年货邮量的12%，带动了物流、支付、咨询、货代、报关、广告以及商业、酒店、餐饮等现代服务业的发展。预计到2020年，郑州E贸易日均将达到150万包裹量，带动200家本土电商企业产生，实现拉动就业30万人。

重庆是首批跨境贸易电子商务试点城市和最新批复的跨境电商综合试验区。截至2015年11月底，重庆跨境电商实现7.15亿元贸易额，相当于2014年全年跨境电商贸易总额的105倍，重庆跨境电商备案企业超过248家，其中包括大龙网、爱购保税等跨境电商平台。2015年，重庆市实现“渝新欧”每周常态发车，累计开行257班，其中去程156班列、每周开行4～5班，回程101班列、每周开行3～4班，全程运行时间13天，正式开启了跨境电商陆运时代。

3. 中小城市不甘示弱，借助跨境电商实现产业升级

跨境电商具有全球化、信息化、即时性的特点，为中小城市提供了独特的发展机遇。产业端，跨境电商大幅扩充了当地企业的市场，为其提供了转型升级的重要途径；需求端，跨境电商为当地消费者提供了跨区域的丰富产品，提升了其生活品质。据悉，2015年年底，已有30多个中西部城市在快速跟进跨境电商事宜。

金华是首批国家电子商务示范基地，国家跨境电商试点城市。2015年，金华市日均跨境电商出单量达110万单，同比增长43%。金义“跨境通”平台自2014年7月运行以来，累计出境邮件超过135万件，单日通关量最大突破7.2万单，结汇2 300万美元。截至2015年11月，金华市拥有年交易额超亿元的跨境电商企业6家，年交易额超1 000万元以上的企业11家。

2.2.3　企业在抢位

跨境电商平台企业是推动跨境电商发展的核心动力，目前已经形成了相互激烈竞争的多个阵营，都在快速跑马圈地，在全世界布局。阿里巴巴和全球速卖通在国际市场上与亚马逊、eBay争抢势力范围，亚马逊、eBay也盯上了中国的大市场，尤其在B2C领域已经赢得了国内市场的认可。其他具有线上和线下综合服务能力的企业正在垂直领域和区域

市场上深耕，共同丰富了跨境电商新商业基础设施。

对于国内众多的中小企业而言，跨境电商打开了面向终端消费者/海外零售商的销售渠道，拓宽了自身的发展空间。众多卖家开始谋求新的蓝海市场，有些卖家将之前OEM的优质产品外销到欧美地区，有些卖家将具有价格优势的中低端产品外销到发展中国家。

目前，中国本土电商市场的发展走在了世界前列，中国网购占社会消费品总额的比例已经超过美国。数量庞大的中国制造业企业和外贸企业，完全有可能利用国内的电商经营能力和先发优势，通过跨境电商来拓展国际市场。

跨境电商B2B领域稳步增长，占据着跨境电商总额的大头。艾瑞咨询数据显示，2012年跨境电商零售占整个跨境电商交易额的比例仅为5%，有大约95%都是B2B交易。目前，阿里巴巴国际站已经能影响中国2%左右的出口额，覆盖到占中国出口额10%以上的出口企业，囊括了40个主要行业，中国本土的供应商数量超过10万家。2015年一达通杭州每月新增客户数量见图2-6。

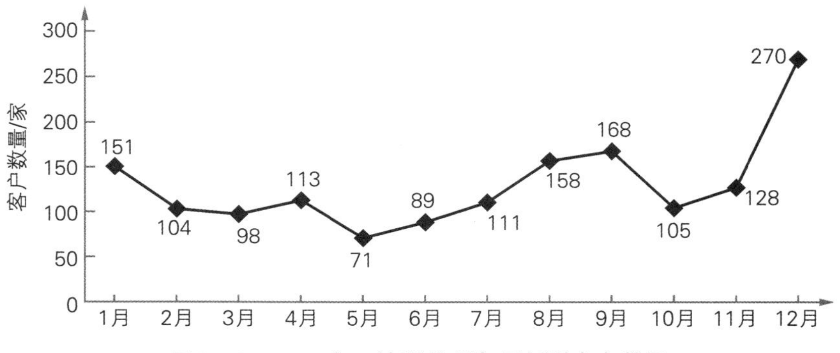

图2-6　2015年一达通杭州每月新增客户数量

跨境电商B2C发展速度迅猛，渗透快。俄罗斯、美国、巴西、以色列、西班牙等国的消费者大量网购中国商品，目前，与中国相关的跨境网购年交易额已经突破300亿美元，约占全球跨境网购交易额的1/3；其中中国面向美国、英国、德国、澳大利亚、巴西五大市场的零售额已突破100亿美元。PayPal统计，2012年，中国年交易额10万美元以上的大商家，交易增长48%。尼尔森统计，2014年至2018年，中国跨境零售业务将会有300%左右的增长。

从国内各区域跨境电商发展来看，首先，东部沿海地区是跨境电商发展的主流地区。艾瑞咨询数据显示，广东、浙江、上海、江苏占跨境电商总交易规模的70%以上。阿里研究院外贸网商密度研究显示，外贸网上密度最高的25个城市，大部分分布在广东、浙江两省（表2－1）。

表2－1　外贸网商密度城市统计(前25名)

排名	城市	省份	排名	城市	省份
1	深圳	广东	11	台州	浙江
2	金华	浙江	12	绍兴	浙江
3	宁波	浙江	13	嘉兴	浙江
4	广州	广东	14	青岛	山东
5	厦门	福建	15	无锡	江苏
6	中山	广东	16	常州	江苏
7	东莞	广东	17	珠海	广东
8	佛山	广东	18	苏州	江苏
9	温州	浙江	19	湖州	浙江
10	杭州	浙江	20	遵义	贵州

（续表）

排名	城市	省份	排名	城市	省份
21	潮州	广东	24	上海	上海
22	泉州	福建	25	阳江	广东
23	江门	广东			

资料来源：阿里研究院

其次，中西部地区的企业也越来越多地参与到跨境电商之中。阿里巴巴国际站数据显示，2014年，中西部省市的供应商数量增长迅速，来自湖南、河南、重庆的出口供应商数量增速在15%以上，来自四川、陕西的出口供应商数量增速在10%以上。

从跨境电商企业的规模来看，中小企业是当下的绝对主力军，绝大多数的大企业（特别是传统的大型外贸企业、制造业企业）还没有积极开展跨境电商业务，少有尝试者也没有取得明显效果。通过调研发现，其中原因主要如下。

（1）危机意识不足。外贸困境之中，相较中小企业而言，大企业往往具有更强的生存能力，整体利润有一定下滑但仍能够维持较为良性的运转。因此，对比“濒临破产边缘，不转型就要死亡”的中小企业，大企业危机意识明显不足，缺乏对跨境电商的深刻认知。

（2）被旧有的商业模式绑架。传统大企业（特别是制造业企业）的商业模式往往是建立在“大订单、稳定客户、大规模生产”的基础之上，需要为数量众多的生产员工、高昂的设备折旧费用（及银行费用）负责，需要面对政府庞大的就业及税收压力。因此，在面对“小批量、碎片化、高频率、定制化”的新趋势时，相较中小企业，大企业的掣肘更多，很难实现快速转型。

（3）企业内部氛围固化。跨境电商时代，小批量定制、快速反应成为市场新需求，这往往建立在小团队、自主性、灵活度的基础上。而大企业传统模式下的高效运转，往往建立在中心化、科层制的基础上，缺乏足够的变通性和决策速度。对比大企业，中小企业由于员工数量较少、管理层级简单，所以灵活度更高，更容易通过内部变革，从而营造适应跨境电商的内部氛围。

（4）新的商业基础设施对中小企业更具吸引力。以阿里巴巴为代表，在各类第三方服务机构的广泛参与下，新的商业基础设施被构建，极大地降低了企业从事外贸出口的门槛。中小企业（特别是中小制造业企业）由于能力有限，在新商业基础的帮助下，得以更多地参与跨境电商之中。而大企业由于本身能力较强，对新的商业基础设施积极性有限，从中获得的利好也有限，所以由此参与到跨境电商之中的大企业数量也有限。

跨境电商现在的发展阶段，类似于10年前的淘宝，还存在很多问题，但是也蕴含着巨大的机会。目前，跨境电商的主要参与者是中小企业，人才储备严重不足，商品层次和客户层次都比较低，交易规则还在不断完善，但市场已经在高速发展。未来，和淘宝的发展历程类似，跨境电商也会从淘宝时代过渡到天猫时代，届时，将会有大批大型企业进入跨境电商，以其强大的资本实力和产品品牌实力加剧市场的竞争程度。从这个角度来说，留给中国中小企业的窗口期是有限的。

延伸阅读:

1. “吴晓波频道”公众号:财经作家吴晓波的自媒体频道,涵盖视频、专栏和测试,有多篇文章和视频详细介绍了跨境电商的发展阶段。

扫描二维码关注“吴晓波频道”

扫描二维码观看
“吴晓波解读跨境电商”视频

2.《挡不住的跨境电商时代》:阿里巴巴团队撰写,从跨境电商经营者的角度出发,全面扫描了跨境电商的发展状况和热潮,并重点介绍了阿里巴巴目前大力推广的业务方向和情况。

| 第二部分 |

跨境电商企业的理念和策略

| 跨境电商企业“战略金三角” |

对于任何一个想要做好跨境电商的企业而言，理念、产品、人才是做好跨境电商最重要、最核心的三个要素。

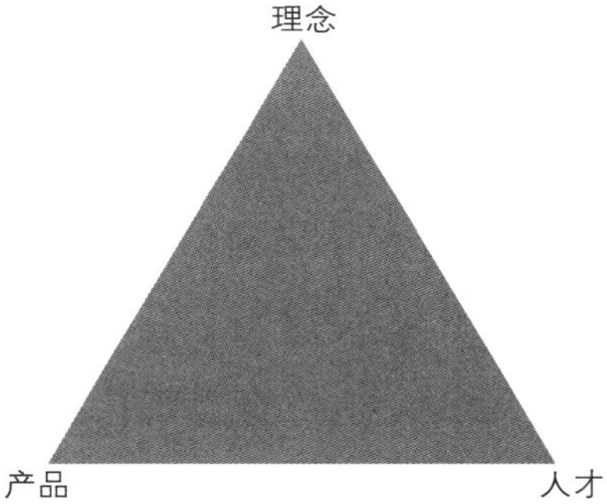

理念转变是传统企业转型跨境电商的基础。作为企业老板，一定要对跨境电商有独立的认知，从宏观层面上掌握大数据、生态圈等跨境电商相关的新思维和新工具。

产品策略是跨境电商企业可持续发展的根本。在内容为王的时代，传统企业要从生产思维、订单思维转变为用户思维，通过跨境电商“零距离”接触用户，为用户提供最能满足需求的产品。

人才策略是跨境电商企业长远发展的重要支撑。传统国际贸易中的人才，在跨境电商领域往往并不适用，跨境电商企业要善于通过内部孵化、抱团取暖、外部合作等方式找到跨境电商人才，并通过合理的机制留住跨境电商人才。

第三章　理念转变

要点提示

1. 大数据时代已经到来，传统企业转型跨境电商，要主动拥抱数据、争取先发优势，成为大数据时代的“既得利益者”。

2. 跨境电商时代，新一轮社会化大分工正在形成。传统企业转型跨境电商，要找到自身的核心竞争力并不断巩固，要善于与跨境电商生态圈中各类机构进行多方位、立体化协作。

3. 跨境电商是传统企业战略层面的举措，老板要置身其中、创业担当，建立对跨境电商的独立认知，带领团队完成企业的二次创业。

3.1　开放心态，成为数据的“既得利益者”

企业对数据价值的认知是需要过程的。谈到数据，大多数老板都会有抵触情绪，担心企业数据特别是客户信息的泄露，会导致客户流失。

在传统的国际贸易中（特别是B2B贸易），企业进行的是大批量、规模化的生产，往往面对的都是大客户。如浙江的很多服装代工厂，重要客户一般只有2～3个，但却决定了工厂90%以上的产能。在这种情况下，每一个大客户的流失，都可能将企业推到生死边缘。

但是，当下数据经济持续地强劲发展，已经改变了原有的局面。

3.1.1　挡不住的数据热潮

历经半个世纪的发展之后，数据已经深深地渗透到人类经济社会的各个角落，成为企业重要的生产要素（图3－1）。根据美国学者对179家大型企业进行的研究，采用“数据驱动型决策”模式的企业生产力普遍可以提升5～6个百分点。数据经济相对传统的实体经济愈发显示出其价值。

国内电商中，以“数据魔方”为例：2010年，淘宝正式推出“数据魔方”，基于海量数据为商户提供一系列的数据服务，目前国内已有40万卖家使用这一服务。卖家可以了解平台上的行业总体情况、行业自有品牌的经营情况、客户行为动态等，据此进行生产、库存和营销决策。

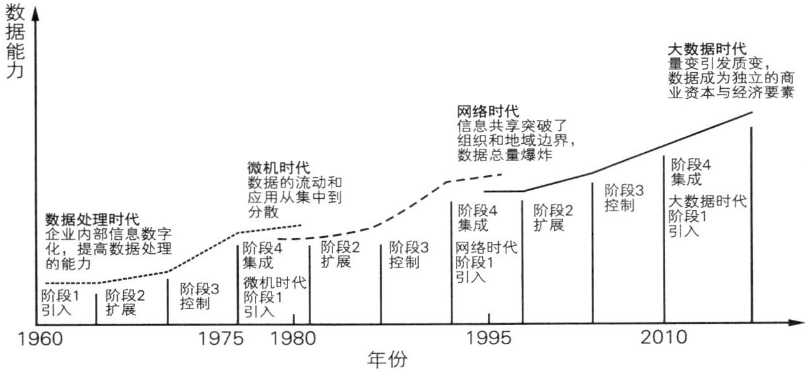

图3－1　近半个世纪数据技术的四个阶段

可以看到，数据时代已经到来，各种数据服务将越来越丰富，企业越来越离不开数据，这已经成为企业未来生存发展的重要因素。

3.1.2　藏不住的“企业秘密”

2011年9月，美国、英国、挪威、墨西哥、印度尼西亚、菲律宾、南非等8个国家在纽约宣布成立“开放政府联盟（OGP）”，共同承诺：用可以重复使用的格式，及时主动地向社会开放高质量的信息，包括原始的数据。几个月后，开放政府联盟又陆续收到了加拿大、意大利、希腊、韩国等42个国家或地区的申请，其会员增加到50个。截至2012年4月，共有31个国家或地区建立了公共数据的开放网站（表3－1）。

表3－1　全世界已经正式建立数据开放门户网站的国家或地区

美洲	美国、加拿大、秘鲁、乌拉圭、智利
亚洲	韩国、沙特阿拉伯、阿联酋、新加坡、巴林、东帝汶、中国香港
欧洲	英国、德国、法国、西班牙、挪威、芬兰、荷兰、丹麦、爱尔兰、爱沙尼亚、奥地利、比利时、摩尔多瓦、希腊、意大利
非洲	肯尼亚、摩洛哥
大洋洲	澳大利亚、新西兰

开放政府联盟中，大多数国家或地区都不同程度地开放了海关数据。随着时间的推移，将会有越来越多的国家或地区更深程度地开放自己的数据。2015年9月5日，国务院发布《促进大数据发展行动纲要》，明确提出，2018年年底前建成国家政府数据统一开放平台，率先在信用、企业登记监管、交通等领域实现数据开放，充分释放数据红利。

因此，对于担忧数据泄露的企业而言，要认识到：①企业相关的大部分数据都会被不同的主体，以不同方式进行不同程度地开放，只要企业仍在市场之中运行，部分数据被泄露就是不可避免的；②相较如何隐藏数据，更重要的是如何利用数据，增强企业的竞争力。

3.1.3　先发占优的数据时代

传统的国际贸易中，每一笔交易产生的数据都被埋没了，无法为企业带来新客户和新订单。跨境电商中，交易线上化之后，历史成交的订单就成了“活”的动态数据。在这种机制下，积累数据越多（信用保障额度就越高），交易评价越多，买家的信任度就越高，订单的成功率就越高，这样的良性循环可以真正促进中小企业发展并拉动出口。

2014年年底，阿里巴巴正式推出信用保障服务，保障跨境交易的安全。2015年，阿里巴巴给供应商的信用保障金额超过30亿美元，全球买家通过信用保障服务共下了120多万个订单，通过信用保障服务获得的最大订单的金额为5 600万美元。

对于企业而言，要认识到：①在很大程度上，企业未来的竞争力是建立在数据上的，数据积累得越充分，获取订单的成功率越高；②数据积累具有很强的先发优势，企业早重视、早推动，有利于在竞争中建立优势，形成良性循环，进一步做大企业。

临安市拓龙装饰材料有限公司（以下简称“拓龙装饰”）成立于2010年，从事各类装饰装潢材料、灯具、家具及五金产品的出口，客户主要来源于国内、国外的各种展会。近几年，公司发现展会的客户越来越少、订单也越来越小，费用却仍居高不下。

2015年，拓龙装饰尝试性地进入阿里巴巴平台，开始使用信用保障服务，却收到了意想不到的效果，当年营销收入从50万美元增长到100万美元。与此同时，交易效率也得到了大幅提升，基于数据（信用保障服务）的效果，大多数交易都跳过了验厂的环节，客户直接安排付款。

2016年，拓龙装饰取消了全部的展会推广活动，将所有的资源都投入到跨境电商中。拓龙装饰的老板徐绍勇感慨地说：“国外的采购习惯正在发生变化，线下的东西越来越难打动客户，而沉淀在线上的数据，则可以轻松俘获客户的心。接下来，我们会进一步聚焦跨境电商，让包括老客户在内的更多交易行为在线上发生！”

3.2 聚焦核心竞争力，利用生态圈进行发展

传统的国际贸易中，“木桶原理的短板理论”是企业界的一个普遍的观点，认为一个企业的核心竞争力不取决于桶上最长的板块，而取决于这只桶上最短的那块木板。如果最短的桶壁只有最长桶壁的一半，那么这只木桶只能装一半的水。所以运作企业，应当关注弱项，增强企业竞争力和抗风险能力。但在跨境电商时代中，企业作业依托大平台，拥有丰富的外部协作体系，“木桶原理的短板理论”变得不再适用。

3.2.1 跨境电商中的“长板理论”

传统的国际贸易中，终端客户与生产商的信息不对称，从而形成了消费市场区域分割与生产模块化。在这个背景下，全球分工协作体系出现了“不同区域之间”和“大小企业之间”的不平衡。

跨境电商时代中，传统国际贸易下的分工体系被互联网破解了，去中心化的趋势越来越明显，逐渐转变为以用户为中心的全新格局（图 3－2）。

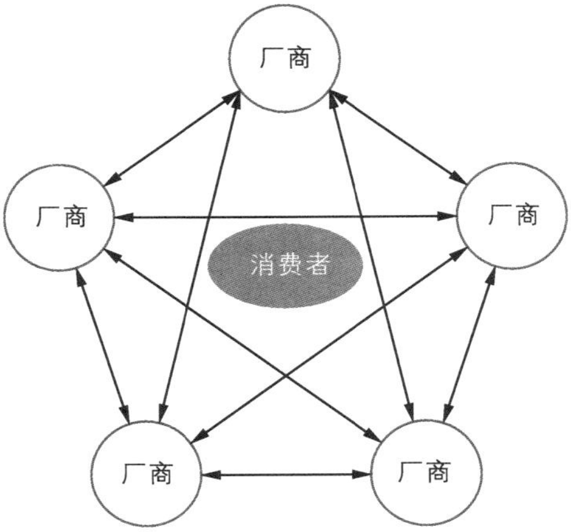

图3－2　跨境电商时代下的社会分工体系

在新技术的推动下，国际贸易分工体系在全世界范围内统一分工延展，形成了“分布式、协同商业价值网”，其主要特征有：

（1）分布式、多中心的架构。每一个企业都可能在网络的支持下成为一个经济中心。跨境电商更多依赖范围经济而非规模经济，不需要通过集中来追求规模效应。

（2）网状结构。社会化大分工从金字塔/链式结构转变为网状结构。各个企业通过数据共享，在价值链上展开协作，从而大幅提升协同和决策的效率。企业价值更多地通过网状协同，而非某个大企业对价值链的控制来实现。

（3）开放体系。互联网降低了企业之间的交易成本，使其远小于企业内部的管理成本，因此企业更倾向于把非核心的价值链环节移交给市场，由社会化的市场交易来完成。

在“分布式、协同商业价值网”的大背景下，“木桶原理的短板理论”不再适用。对于企业而言，最重要的是找到自己有别于他人的核心竞争力（缺乏核心竞争力的企业，将很难在跨境电商时代立足），然后通过不断整合他人的长板和资源进行最优配置，实现企业的突破式发展。这就是跨境电商时代中，企业都应该掌握的“长板理论”。

3.2.2　跨境电商的生态圈资源

跨境电商的蓬勃发展促进了综合服务、跨境分销、跨境支付、跨境物流、咨询培训、数据服务、资本网络等生产型服务业的发展，目前已经形成了一个巨大的产业（图3－3）。

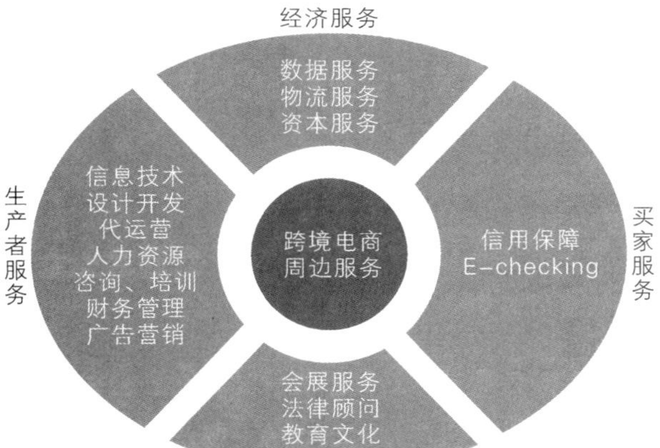

图3－3　跨境电商周边服务产业

综合服务主要是为出口企业提供通关、退税、结汇的一站式服务，并在此基础上提供相应的物流、金融等增值服务的模式。综合服务可以帮助B2B交易双方提高通关效率，降低成本，实现一站式通关、退税和结汇。

跨境分销主要指跨境电商专业卖家基于自身强大的引流能力及运营经验，为制造业企业提供的以平台销售为主，包括物流、客服、融资为一体的跨境电商全方位服务。跨境分销可以有效地帮助制造业企业降低门槛，迅速地在各大跨境电商平台进行铺货。

跨境支付目前主要是支持跨境B2C业务和B2B中的小额批发/交易业务。主要以第三方支付工具（如国际支付宝Escrow、PayPal等）和信用卡支付。通过第三方支付工具的跨境支付还能提供相应的交易优化和保障服务，如对部分卖家提供提前放款业务（对于信誉较高的卖家，在买家还没有收到货之前，提前放款给卖家，从而提高卖家的资金周转率）。

跨境物流的服务方式多样化，从运输角度而言，包括：①以B2B业务为主的海运、海运拼箱等业务；②支持B2B小额业务及B2C/C2C业务的小包、快递等服务。除此之外，跨境仓储业务也在快速发展，各类海外仓模式日趋成熟，有助于进一步帮助卖家降低跨境物流的成本，优化买家的客户体验。

除以上4种服务外，围绕跨境电商衍生的代运营、关键词优化、人力资源、咨询、培训、数据服务、国际法律顾问等专业服务也发展迅猛，可以从跨境电商产业的各个角度为企业提供无微不至的服务。

深圳市浩方科技有限公司（以下简称“深圳浩方”）创立于

2006年，是知名的跨境电商服务机构，致力于为广大的跨境电商企业提供专业、高效的电子商务服务，主要有3大板块业务：

①跨境电商分销。深圳浩方是亚马逊的大卖家，基于自身强大的引流能力，为传统制造业企业提供产品分销和品牌共建等服务。目前，已有多位深圳浩方企业客户的产品销量居国际知名电商平台首位或前五位。

②物流服务。深圳浩方拥有自主研发的分拣配货系统，具备安全快捷的物流渠道，与多条航线、目的地国家邮政建立深度合作，如荷兰邮政、英国邮政、德国邮政、美国邮政等。

③品牌推广服务。深圳浩方收购了Facebook平台上的一个科技型产品营销大号，可以覆盖300万以欧美国家为主的人群，预计2016年年底粉丝数可以增长至1 000万。

因此，对于跨境电商的从业企业而言，需要做的是：①找准自己有别于他人的“长板”，以客户需求为中心，通过不断聚焦加强自身的优势；②利用好跨境电商生态圈资源，让专业的人做专业的事，最大化自身的利益。

3.3　做好跨境电商，老板要置身其中、创业担当

在推动跨境电商的发展时，很多老板都期望通过找到“对的人”，

一劳永逸地解决问题，从而快速实现企业的突破式发展，但实际情况往往是令人失望的。

曲总是“60后”，1996年开始创业，用10年的时间将一个小作坊变成了业界闻名的大公司，很多国际大品牌的产品都由他们代工。金融危机后，外部的形势发生了变化，企业的生意越来越难做。

偶然机会曲总接触到了跨境电商，觉得这可能是个出路。但由于自己对这些新生事物不了解，也很难再沉下心去重新学习，所以他找了一个外部的、专门做运营的团队来全权负责跨境电商事宜。一年过后，曲总发现自己钱投进去不少，产出却少得可怜。分析过后，他发现这样的专业运营公司，往往拥有几十甚至上百个的代运营业务，根本不可能有足够的精力照顾到自己的公司。

2014年，在百般寻觅之后，曲总终于找到了一个跨境电商的高手，并用重金将其挖到了自己的公司。一年之后业绩显著，公司的跨境电商业务从不到100万元增长到4 000万元左右。但让曲总始料未及的是，刚过春节，这个高手就带着培养起来的团队跳槽了。现在，曲总又重新陷入了惆怅之中，跨境电商的业务他真的不知道该怎么做了。

在商业世界中，“灵丹妙药”从来不会奏效，因为这不符合企业可持续发展的系统性和复杂性。如果真的有“对的人”，可以解决你跨境电商中遇到的一切问题的话，那么这个人只会是自己：一个有着敬畏之心、实事求是、踏实干事的自己。

3.3.1 做好跨境电商，老板要置身其中

跨境电商是新生事物，缺乏成熟的理论体系和套路。总的来说，从全国范围来看，跨境电商才刚起步，规则、模式、玩法还在不停地变化中。目前，跨境电商领域没有人是功成名就的权威，没有人敢说给自己打100分，大部分人都处在30分到50分区间的水平范围内。因此，即使你是从零开始，与领先者也只有很小的差距。

跨境电商汇聚并储存了海量的生产信息、交易信息、客户信息，这些数据经过分析之后将成为企业最重要、最核心的生产要素，可以应用于生产、销售、金融、物流等多个环节。从这个角度来看，跨境电商对于企业的意义已经远远超越渠道，而成为一个战略问题。

对于传统企业（特别是传统制造业企业）而言，跨境电商不仅与销售相关，还：①与研发相关，通过客户数据的收集与分析缩短了企业的研发周期；②与生产相关，改变了企业传统“大批量、规模化”的生产方式，有利于进行柔性制造；③与营销、品牌相关，降低了营销成本，提升了企业的客户服务能力，可以帮助企业实施质量和品牌战略。可以看出，跨境电商与企业的多个部门都紧密相关，需要较好的统筹协调才能得到最好的效果。

所以在企业推动跨境电商的初期，基于重要性和统筹性的考量，老板必须亲自主动担当，在艰难中重拾企业家精神，带领团队走向胜利。

3.3.2 跨境电商需要什么样的创业担当

1. 老板要对跨境电商有独立的认知

对于众多“50后”“60后”，乃至“70后”的老板而言，跨境电商是一个全新的事物，理解起来有着诸多困难。在这种情况下，很多企业和老板都陷入了迷失、恐慌之中，急着找人，盲目尝试，最后失败的有之，迷信专业团队步入歧途的有之，此刻老板最需要的就是独立思考的能力。

独立思考要坚守用户价值，以用户需求为准，要相信对待用户的唯一正确态度只有真诚，任何以牺牲用户价值为代价的交易最终都会导致失败。独立思考要针对实际问题，以企业真实存在的问题为出发点，而不是用新概念武装自己，更不能为了解决一个问题而制造出一个更大的麻烦。独立思考要目光长远，立足大势小步快跑，而不是短线思维，为了暂时的流量牺牲可持续的利益。

2. 老板要对新生事物心存敬畏，善于向外求索

永远要对规律心存敬畏，你已做成的一切，都是规律作用的结果。千万不要认为自己已经掌握了规律，你掌握的顶多是规律的一个子集。千万不要认为自己之前成功了，未来就也一定会成功，对自己有信心没有错，但是对路径自信就有问题了。外部环境变化了，路径必然会随着变化。

老板要不断学习，要对别人的经验充满敬畏，以开放的心态接触跨

境电商相关的专业机构，增强跨境电商圈子内的沟通。其实，跨境电商已有很多成熟的经验，学习先进，可以少走弯路，减少试错时间。

杭州橙塾教育科技有限公司（以下简称“橙塾教育”）总部位于杭州，定位为“跨境电商教育培训标准制定者”，致力于打造全球化的中国品牌企业。橙塾教育以吴晓波团队为核心，在大量市场调研的基础上，以实战为导向，为跨境电商企业提供专业人才培养、品牌建设、信息咨询及政企互通交流服务。

目前，橙塾教育已经参与出版了《跨境电商政府实操指南》《跨境电商企业指南》等书籍，并携手杭州综试区，为数百家杭州辖区内的外贸企业、制造业企业提供了服务。

3. 老板要到听得见炮火声的地方去

相较传统的国际贸易，跨境电商要求企业有一套快速的反应程序，可以将市场的最新数据反映到研发、生产、营销等各个部门中，从而及时满足全球客户的需求。

构建跨境电商中的快速反应程序有两个必要条件：了解企业跨境电商的运行规则与整体情况；可以统筹安排企业的各种资源。因此，作为企业中拥有最多权利和资源的人，老板应该走到听得到炮火声的地方去，以身作则，帮助企业走过做跨境电商的初期。

2007年，身为“60后”的孙总，通过资本运作从外企手中接手一家化纤生产工厂，成立了杭州泰富纺织化纤有限公司（以下简称“泰富化纤”)，主要从事化纤产品的生产与销售。

2011年，为了解决产能平衡、淡季产品销售的问题，孙总第一次想到了跨境电商：他招聘了几个大学生，置办了一间办公室和几台电脑，风风火火地开始上线经营。半年后，公司支出不断却没有任何入账，泰富化纤第一次跨境电商尝试失败了。总结过后，孙总认为这是由于员工都是刚毕业的大学生，缺乏跨境电商经验所致。

2012年，孙总开始了第二次的跨境电商试验：这次他招聘了几个有经验的电商人才，给出了更好的待遇，构建了环境更好的办公场所。但是，半年之后，五六十万元投进去了，却没有打出半点水花，泰富化纤的第二次跨境电商也失败了。

遭遇了两次失败的孙总心灰意冷，一沉寂就是3年。

2015年，在阿里巴巴橙功营的帮助下，孙总开始了第三次的探索：① 作为“60后”，孙总深知自己冲到跨境电商第一线去战斗是不现实的，于是他积极参与跨境电商相关圈子的多种活动，努力提升自己，做到“即使不懂实操，也可以与跨境电商人才沟通交流，也可以管理一支跨境电商队伍”；② 到听得到炮火的地方办公，他置办了一间超过100平方米的办公室，在没有任何格挡的情况下与泰富化纤的跨境电商团队一起办公，聆听前线最新的状况，第一时间做出跨境电商相关的战略决策。

2015年9月至2016年3月，在7个月的时间里，泰富化纤的跨境电商客户超过了600个，实现了60万美元的销售额。2016年4月，在阿里巴巴国际站上，泰富化纤在同类产品供应商中排名第7。

延伸阅读：

“跨境电商研究”公众号：中国跨境电商领域新媒体，致力于提供最及时的跨境电商资讯，最专业的解读分析，讲述跨境电商案例，提供跨境电商人才培训服务。

扫描二维码关注“跨境电商研究”

第四章　产品策略

要点提示

1. 跨境电商不是简单地将原有产品销售到国外，适合跨境电商销售的产品有两个标准：电商属性、国家比较优势。
2. 跨境电商中不存在前置的、标准的、固化的产品策略，以用户需求为中心，进行小批量、快速迭代试错，是做好产品的唯一办法。

4.1　跨境电商的产品特征

故事1：直接销售代工产品，遭到合作经销商的强烈反对

作为宠物玩具细分领域龙头企业杭州天元宠物用品集团（以下简称“天元”），在刚踏入跨境电商领域时，为了快速起步，将原有贴牌加工的产品直接拿到线上跨境平台进行售卖。由于产品质量好价格低廉，逐渐受到了消费者的欢迎，销量开始上升。但就在

销量上升的过程中，天元突然将产品下架了。下架的原因是收到了原有传统线下贸易客户的投诉，因为天元的跨境电商业务的产品与传统线下贸易产品存在竞争关系。

为了维护线下客户的关系并且避免类似事件的发生，天元在下架产品的同时，针对跨境电商开发了新的品牌和新的产品线。在不断巩固传统贸易渠道的同时，快速发展跨境电商。

故事2：跨平台销售同类产品，遭遇惨淡业绩

作为杭州某区县最大的亚马逊卖家H，在入驻全球速卖通时发现其在亚马逊的经验并不好用。H有传统外贸和跨境电商两大业务板块。凭借其在传统外贸多年的发展经验，通过亚马逊平台开始跨境电商业务。借助对产品品质严格的把控和对目标市场的了解，H在亚马逊平台越做越大，其中一款产品在短短的几个月时间内，坐到了亚马逊同类产品销量第一的位置。

随着亚马逊平台的成功，H入驻全球速卖通平台。但运营全球速卖通平台一段时间后，发现原来在亚马逊平台卖得很好的产品在全球速卖通平台上却卖不动。在深入研究之后发现原来这两个平台针对的市场和本身规则都存在着巨大的差异，适合亚马逊平台的产品并不一定适合在全球速卖通上售卖。

故事3：从产品销售到解决方案，收到奇效

临安市贝贝家纺织品有限公司（以下简称“贝贝家纺织”）是

一家以生产床上家纺用品为主的企业，在开展跨境电商业务的过程中，开发了一套属于自己的跨境产品体系。

刚开始从事跨境电商，贝贝家纺织将工厂能够生产的产品图片一一上传到跨境电商平台上。随着企业将跨境电商思维不断普及，跨境电商从业人员经验越来越丰富，贝贝家纺织开始尝试将产品融入生活化场景，将生活化场景图片上传到跨境电商平台上。这一举动带来了意想不到的结果，很多客户在采购贝贝家纺织的产品的同时，也会要求同时采购生活化场景中其他家纺类产品，如窗帘、桌布等。现在，贝贝家纺织发展迅速，在不断提高跨境电商销售额的同时，也准备在2016年开启海外仓布局。

故事4：以客户需求为中心，跨界合作取得奇效

杭州绿洋纸塑制品有限公司（以下简称“绿洋纸塑”）是一家纸容器生产商，多年的国内纸容器生产销售使得其与纸容器设备制造商形成了良好的关系。2014年，绿洋纸塑开始拓展跨境电商业务，并结识了一位菲律宾同行。

菲律宾国内纸容器行业全部依赖从中国进口，这位同行就想从中国进口纸容器生产加工设备并在菲律宾当地市场生产销售。在了解了需求后，绿洋纸塑表示可以为菲律宾同行提供一套纸容器生产加工模式，比单纯引进设备在当地加工成本更低。首先菲律宾同行只需要购买最后的组装设备，不用进口生产、印刷等其他设备，在设备上节省了一大笔开支。同时，绿洋纸塑为其提供半成品，菲律

宾同行只需在当地组装成成品即可。

跨境电商不仅仅是把原来的产品通过跨境电商平台卖给国外客户，还需要有新的品牌新的产品体系。而且，针对不同的平台和市场，产品也有所不同。生产厂商不仅可以卖自己的产品，也可以横向整合同类产品组合售卖，甚至可以整合产业链，输出产品体系解决方案。

4.1.1　拥有电商属性的产品适合跨境电商销售

跨境电商具有强烈的电商属性，产品迭代迅速，客户对产品的要求高，个性化程度高。

跨境电商缩短了生产者与消费者之间的距离，生产者和消费者之间能够产生直接而且快速的互动。这种互动使得生产者能够了解市场需求，同时客户又可以对产品提出更高的要求，从而使产品快速迭代升级。

同时，跨境电商的客户更加贴近终端客户或者就是终端客户。他们单次购买的产品量不多，却存在连续消费的现象。对于产品的品质和物流的时效要求很高。同时很多客户追求个性化的需求，对定制化生产有一定的要求。

那么，什么样的产品拥有电商属性呢？通俗地讲，国内电商中能看到的产品，一般都是拥有电商属性的产品。国内电商发展近20年，已经处于世界领先地位。经过多年国内电商中沉淀，现在能在国内电商平台中看到的产品，都是拥有电商属性的产品。

4.1.2 传统国际贸易中的优势产品在跨境电商中的优势依然存在

改革开放至今，中国工业体系已经发展为全世界不可或缺的生产力量。尤其是自1998年以来，中国出口一直作为拉动中国经济最重要的几个抓手之一，逐渐发展成完整的出口加工体系。

虽然从2008年以来，中国的劳动力红利逐渐消失，大批工厂转移至东南亚、北非等劳动力价格低廉地区，但总体来说，中国制造业的竞争力仍然存在，十多年积累下来的产业链是不可替代的。从原材料到半成品再到成品，中国形成了一整套完整的产业链体系。同时在过去的十几年间，中国培养了大批产业链人才。这使得“中国制造”的产品虽然无法像以前一样低价，品质却可以得到保障。同时，由于产业链集聚，使得买家能够在中国买到一套完整的产品解决方案，而省去了东奔西走。例如染料行业，虽然现在工厂在往印度等地方迁移，但从整个行业来看，中国依然是这个行业产品最齐全的地方，印度只能提供一种产品。对于需要整个解决方案的客户来说，中国依然是不二的选择。

4.1.3 只有自己熟悉的产品，同时符合目标市场客户的需求的产品才能在跨境电商中热卖

如同国内电商中的产品五花八门各式各样，跨境电商中的产品也是

无奇不有。选择适合自己的产品，才能立于跨境电商之列，实现跨境电商贸易。

跨境电商的产品必须是自己熟悉的产品。产品的熟悉程度主要包括以下几个方面：一是产业链熟悉程度；二是生产流程熟悉程度。跨境电商要求快，这就要求卖家必须能够在最短的时间内从原材料变成产品，这就意味着如果不熟悉产业链情况，就无法从源头加速产业链，适应跨境电商的要求。例如女装行业，面料集中在绍兴柯桥，加工集中在杭州余杭，批发集中在杭州四季青。只有对产业链分布集聚情况熟悉，才能适应跨境电商快的要求。同样，跨境电商将原有大规模工业化生产模式变成了小规模定制化生产，这就意味着卖家要熟悉产品的生产流程，才能满足小规模定制化生产的要求。例如家纺行业，从原有生产方式要求必须达到一定的量才能生产，无法满足跨境电商小规模定制化的要求。而现在通过改进生产工艺，引入数码印花技术，能够做到一件起订，完全满足了小批量定制化生产的需求。

跨境电商的产品必须符合目标市场客户的需求。符合目标市场客户的需求是有多个层次的含义。第一，必须符合目标市场的政策法规。只有符合当地的政策法规，产品才有可能进入目标市场。例如产品进入欧盟，就必须符合欧盟对于此类产品的规定，进入美国，就必须符合美国对于此类产品的规定。第二，必须尊重目标市场的文化风俗。例如出口中东等穆斯林聚居区的食品必须有清真认证。第三，必须了解目标市场的产品应用场景及用户习惯。其他还包括目标市场客户对产品质量及价格等需求。

4.2　产品策略的场景化模式

4.2.1　迭代试错

跨境电商的市场对于很多企业来说是陌生的，无法亲自接触的市场。由于存在地域的限制，无法做到亲自去目标市场获得目标客户的第一手资料，大部分跨境电商卖家只能通过二手信息分析，造成了对市场客户需求认知的不准确性。

在这样的情况下，什么产品适合卖家开展跨境电商，需要通过不断地小规模迭代试错。迭代试错并不是无目的地尝试各种产品，而是有针对性地在一定基础上的尝试。

最普遍的做法，我们称之为SSP循环（见图4－1），即通过“销售—选择—提升”这个循环，不断推出符合市场需求的产品。其核心是通过市场反馈来寻找最契合市场需求的产品。首先将某类产品池全部上线销售，通过市场自然选择出较好的产品，并通过市场反馈来不断改善产品。将提升后的产品再次投入产品池，不断循环迭代。

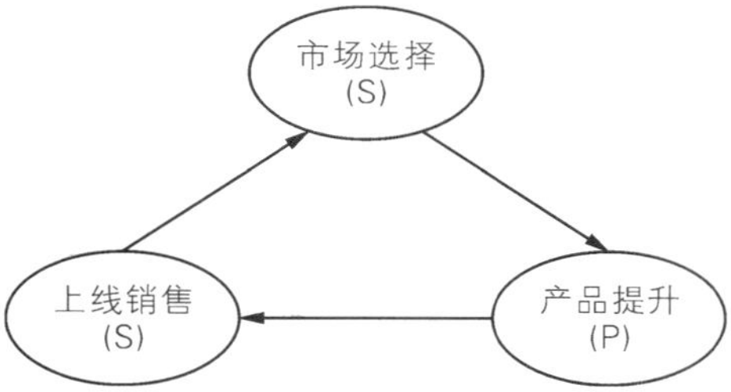

图4－1　SSP循环

临安永锋工具有限公司（以下简称“永锋工具”）是一家专门从事扳手类五金工具生产销售的小型企业。由于贴牌加工利润低，行业竞争激烈，刚毕业两年的陈总帮助父亲开拓跨境电商。

一开始，陈总将工厂能够生产的所有产品全部上架到平台上，经过一段时间后发现有的产品卖得好有的产品卖得一般。卖得最好的是小套装产品，功能齐全价格实惠。同时，平台上的客户也留下反馈，反映套装中的某些产品并不常用。陈总又根据客户的反馈，重新上架了新的套装产品，得到了热销。

跨境电商与国内电商最大的不同，也是跨境电商最难解决的问题最主要的是时效和售后的问题。由于卖家和买家分处两个不同的国家或地区，产品要经过长时间的运输以及过关清关，造成跨境电商时效上的问题。同时，许多卖家无法在客户当地建立完善的售后体系，客户购买产品后很难享受到售后服务，也造成了跨境电商售后的问题。而解决时效和售后问题的一条有效途径就是利用海外仓。但并不是每种产品都适合海外仓。

一般而言，能够进入海外仓进行销售的产品，一般具有以下特征：

（1）能够预测的销售。运送到国外的产品若产生滞销，将会给企业带来巨大的成本压力。随着仓储时间延长仓储费用不断上升，当仓储费用达到一定数量之后，卖家不得不选择将产品就地销毁或运回国内，这又要产生一大笔费用。所以运至海外仓的产品必须能够预测销售情况，在合理的时间范围内销售产品。

（2）需要一定售后的产品。一方面基于海外仓能够实现销售地的退换货服务，增强售后相应及时度；另一方面，有些产品需要在当地组装维护，可以通过海外仓建立销售地售后体系。

（3）相比于直邮产品，利用海外仓的产品必须拥有较大的物流成本优势。

浙江点库电子商务有限公司是跨境电商第三方公共服务平台。公司在2015年推出云仓服务，帮助国内中小企业实现海外仓服务。

云仓服务面对的客户有两类，即产品供应商和分销商。由于国内很多中小供应商没有跨境电商海外仓运营经验，并不知道什么样的产品适合海外仓。云仓服务团队会帮助中小供应商建立跨境电商产品体系。同时通过试销服务，小批量试错帮助供应商发现适合海外仓的产品。

除了通过市场反馈来迭代试错外，还可以主动改进产品，发现客户的新需求。相对于SSP循环，我们称之为CSM循环，即“创新—销售—

挖掘”循环（见图4－2）。通过对产品的创新，来挖掘新客户及新需求。

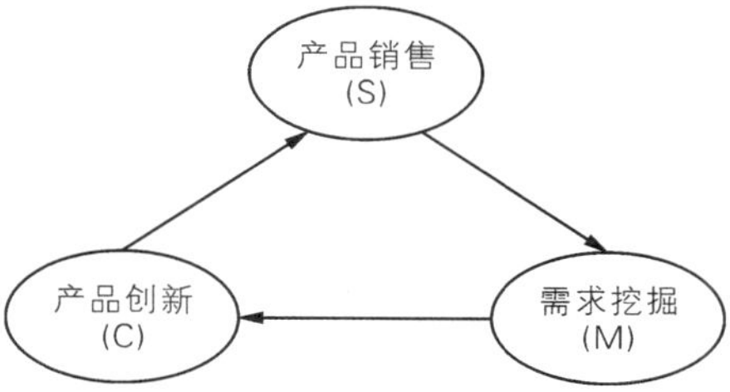

图4－2 CSM循环

杭州水晶运动机械有限公司（以下简称“水晶运动”）是一家新三板上市企业，专门从事家庭运动机械生产销售。总经理卢总自美国留学归来以后，就开始帮助父亲发展国内电商和跨境电商。

动感单车是健身房常见的建设器材，越来越多欧美家庭也在家中购置了动感单车。水晶运动在原有动感单车上加装了一块码表，用来记录运动时间、里程等信息。产品推出之初同行并不理解，认为动感单车的主要市场在健身房，而健身房有专业的老师，不需要用以记录的码表。但产品推出之后，受到了家庭用户的欢迎。小小的一块码表，仅仅增加了4美元的边际成本，却创造了16美元的毛利。

4.2.2 快速反应，及时响应客户需求

快速反应，及时响应客户需求在跨境电商中显得尤为重要。如何做到快速反应，一方面要求卖家对市场具有较高的敏感度，当市场需求发生变化时能够立马察觉并能够正确反应；另一方面，需要加快整个供应

链的反应速度来适应客户需求的变化。

1. 应用大数据，快速并准确发现未来需求

数据作为跨境电商最重要的几项基础设施之一，发挥着重要的作用。大数据的作用很多，运用好大数据可以帮助卖家增加信用，可以帮助卖家降低成本，可以帮助卖家发掘客户需求。

对于产品来说，大数据最重要的作用在于快速并准确地发现未来市场需求。大数据应用的第一点，就是在于快。通过大量数据以及计算机技术的运用，卖家能够在第一时间分析出市场消费趋势。阿里巴巴后台数据见图4－3。

图4－3　阿里巴巴后台数据示意图

杭州森帛服饰有限公司（以下简称“森帛”）是一家专业从事跨境电商女装销售的专业卖家，公司采用买手模式作为自己的运营模式。

传统的服装运营模式，有参展、设计、订货会、发布、上架等流程。整个流程下来至少需要9个月时间，准备时间长，库存风险大。而森帛的买手模式在传统买手模式的基础上，应用平台大数据进行分析，能够精准地预测一周以后女装流行元素并反馈到设计加工端，从而大大缩短了供应链反应周期。业内公认的快时尚品牌ZARA的供应链周期在21天左右，而森帛通过其结合大数据的买手模式能够做到14天左右。在更加符合流行趋势的同时，也大大减少了库存风险。

深圳市上方日用品有限公司（以下简称“上方日用品”）成立于2006年，是一家主营卫生巾、纸尿裤、湿巾等产品的贸易商，阿里巴巴国际站是其主要的销售渠道。2008年，受金融危机影响，连续5年业绩停滞不前。

2013年，上方日用品的倪总开始关注平台后台数据，通过对数据进行分析，判断日用品行业新产品趋势。例如，2014年年底，倪总通过数据分析，发现“月经杯”可能成为下一阶段的爆品，于是提前与工厂合作生产了相关产品，取得了很好的业绩。2013年至2015年，上方日用品在数据的帮助下，实现了200%的业绩增长，营业额超过了8 000万元。

2. 整合供应链，提升供应链反应速度

通过整合供应链，提升整个供应链的反应速度，将产品从研发到呈现给客户的时间缩短，力求最快速度响应用户需求。

在跨境电商中，国际分工越来越明确，角色越来越细分。但总的来说，跨境电商产业链仍然可以分为产品研发、制造加工、流通三个环节。而相比于传统国际贸易体系由实力雄厚的跨国大型公司主导不同，跨境电商给予众多中小企业直面终端消费者从而主导跨境电商产业链的机会。

这种机会来源于跨境电商使得众多中小企业有机会从微笑曲线底端向后端延伸，从而把握真正的客户需求（见图4－4）。而又通过对后端的把控，逐渐形成对前段产品研发环节的把控。

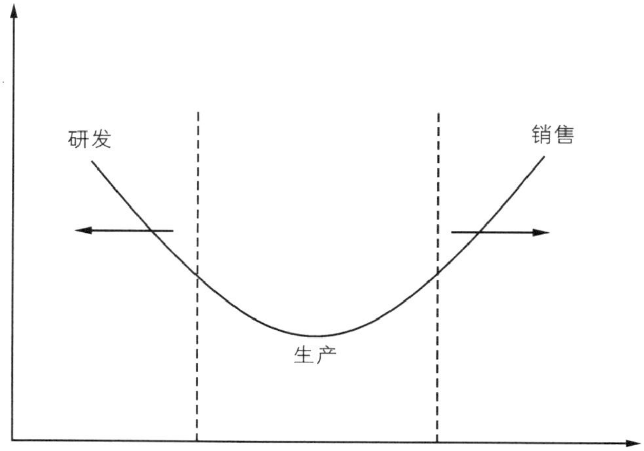

图4－4　跨境电商中中小企向产业链两端延伸

当然，对于一般而言的中小企业，并没有足够的能力去掌控整个供应链，而是通过合作整合，来实现向产业链两端的延伸。从整个产业链链条来看，从“产品设计—原料采购—生产加工—物流运输—销售”这几个环节中，从事跨境电商的卖家一定要掌握销售环节，控制产品设计和原料采购环节，在生产加工和物流运输环节采用合作策略。

杭州子不语贸易有限公司（以下简称“子不语”）是一家从事跨境电商女装的专业卖家，旗下拥有众多女装品牌。子不语在从事跨境电商的过程中，逐步整合国内女装产业链，实现了从产品设计到快递到客户只需要7天的纪录。

子不语拥有自己的跨境电商销售团队及服饰设计团队。在整个产业链中，子不语还自己采购面料，使得自己在出现某一爆款后不至于因为原材料短缺而断货。同时，子不语利用区域内众多的女装加工工厂资源，与其中几家一直合作的工厂建立了良好的合作关系，将服饰生产的净加工环节交给工厂。相比于传统的从工厂采购模式，工厂在与子不语合作的过程中，不需要自己备货，免除了原材料积压风险，同时只需要完成净加工一个环节，速度快，质量有保障。正是通过对产业链两端的把控以及加工环节的合作整合，实现了子不语7天的供应链反应速度。

3. 改进生产组织方式，符合小批量快速定制化需求

中国大部分传统中小生产企业以订单型加工企业为主，企业根据订单来组织安排生产。当遇到订单减少时，企业就会面临巨大的生存压力。而跨境电商的订单相对于传统贸易的订单，有两个明显的区别：一是单一订单量小了；二是订单个性化要求高。针对新的订单特点，很多生产企业表现得难以适应，企业员工思维很难跟上跨境电商思维，很多跨境电商订单量难以达到生产企业原有的起定量，个性化定制成本太高。

要匹配跨境电商订单的新特点，首先需要对传统生产组织方式进行改革。传统工厂生产计划的下达一般经过厂长、车间主任、小组长再到工人的流程（见图4－5）。这样的流程经过的层级多，反应慢，不能很好地适应跨境电商的需求。跨境电商要求快，反应迅速，就需要工厂在生产组织方式上也要做到快做到反应迅速。一方面可以通过新的科技手段实现信息的快速传播，另一方面可以通过组织架构变革，适当扁平化，适应跨境电商需求的生产组织方式。

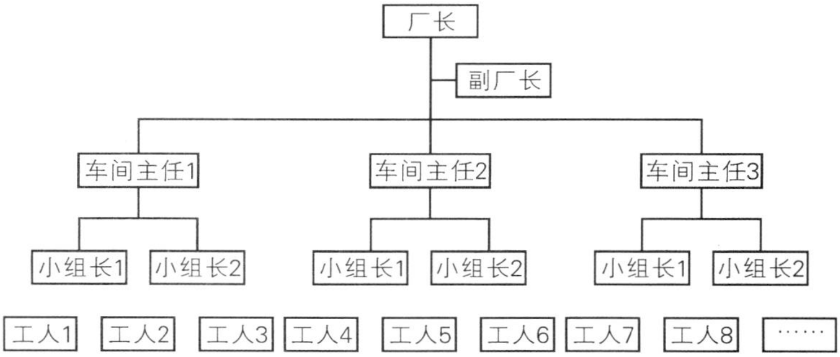

图4－5　传统工厂生产组织架构

要匹配跨境电商订单的新特点，其次需要对传统生产方式进行改进。对于标准产品来说，个性化定制要求不高，生产企业可以提前根据销售需求情况备好热销产品，等跨境电商订单出现时，进行最后的Logo（标识）加工及包装环节即可发货。对于非标产品来说，做到小批量个性化订单销售的难度要高于标准产品。但随着科学技术的发展和普及，个性化小批量生产流水线开始变得更加廉价和可靠，使得中小生产企业能够有能力引入此类生产线来匹配小批量个性化订单。

贝贝家纺织是一家位于杭州临安的家纺生产加工企业。从2014年开始从事跨境电商以后，企业发现小订单的数量越来越多，现在达到整个订单量的80%左右。

相比于传统大订单，小订单单批次订货量少，个性化要求高，从下订单到发货时间要求短。为了适应这种变化，贝贝家纺织主要从三个方面对自己的生产组织方式进行了改进。首先是工厂组织结构及作业流程的改变。贝贝家纺织将原来工厂多层级的组织结构进行改进，撤销原有车间主任、小组长等中间层级，设立厂长委员会，直接管理工人进行加工生产（见图4–6）。同时配合自主开发的手机应用（APP），通过应用下达生产任务并获取反馈，加快信息流通速度及增加反馈渠道。其次是从生产工具上的改进。为了适应跨境电商小批量个性化的订单需求，引入数码印花流水线，能够快速地将客户需要的花型印制在胚布上，真正做到小批量个性化定制生产。最后，贝贝家纺织在完成组织结构、生产方式改进的同时，全厂营造跨境电商氛围，从思维上做到跨境电商转变。贝贝家纺织将跨境电商思维牢牢印入全厂职工的思维中，树立跨境电商第一的思维，通过定期企业内训，不断加强跨境电商思维。

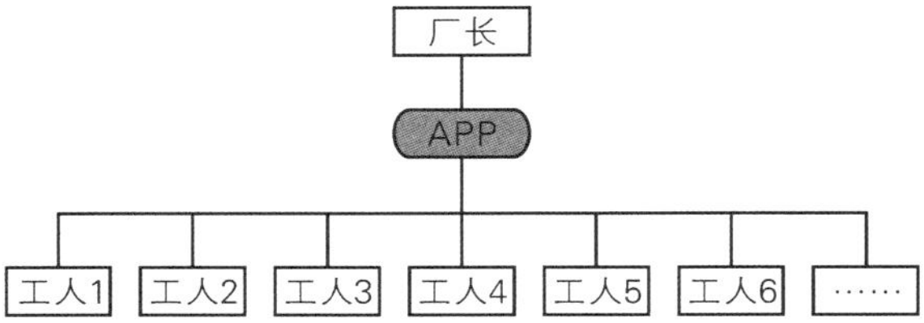

图4－6　贝贝家纺织工厂生产组织架构

4.2.3　输出产品解决方案

跨境电商的基础是建立在全球大分工基础上的。全球大分工使得地区与地区之间存在着不同的比较优势，各个地区有着自己具有相对优势的产业。利用相对优势产业，对外输出产品解决方案。

一般而言，对外输出产品解决方案有两种方式。一种是产业链垂直输出，需要设备生产商和产品加工企业共同协作，将设备生产商的设备与产品加工企业的中间产品作为解决方案打包输出。在中国境内利用完善的供应链和产业链体系，将产品生产至半成品状态，运输至销售目的地后，完成最后一步的组装包装并进行销售（见图4－7）。

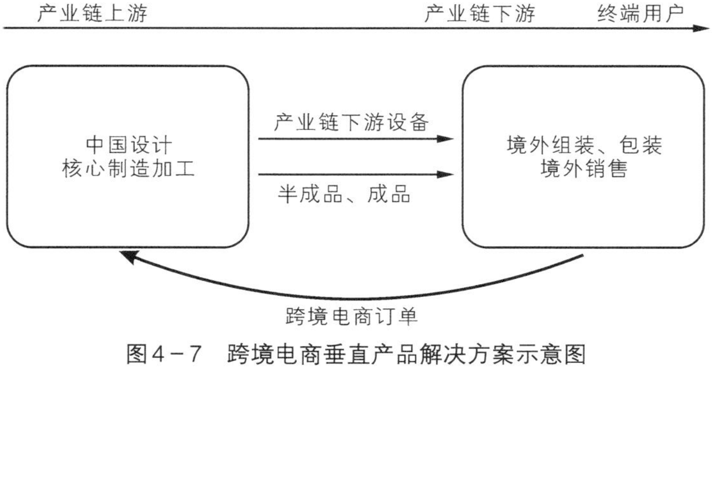

图4－7　跨境电商垂直产品解决方案示意图

另一种方式是品类横向输出，需要生产商横向整合同类产品，将相关品类的产品打包作为产品解决方案输出（见图4－8）。

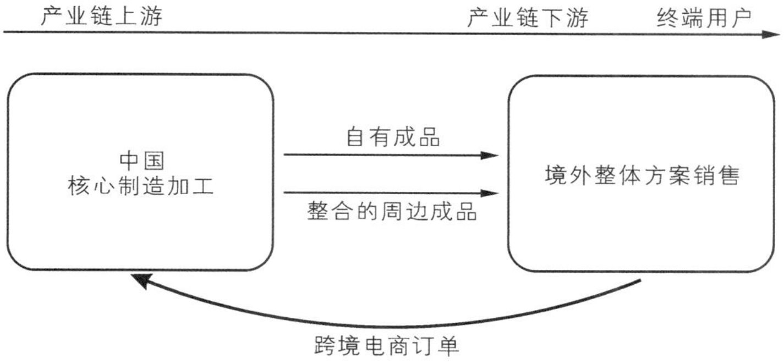

图4－8　跨境电商横向产品解决方案示意图

某户外帐篷生产企业其实是一家传统的中小加工型企业。从事多年外贸加工服务。从2014年开始在跨境B2C平台开始尝试跨境电商业务。

企业一开始仅仅把自己生产的产品上线销售，也取得了一定的销量。但在销售过程中发现，客户在浏览自己的产品的同时，还会浏览其他店铺相关产品，例如登山杖、登山鞋、冲锋衣等户外用品。于是企业开始从其他生产商采购此类产品并上架到自己的店铺中。现在，企业销售的产品往往是一整套登山装备或者野炊用品，相比于以前，销售额增长了好几倍。

什么样的产品适合跨境电商？对于不同的企业卖家来说，适合的就是最好的。适合客户需求，适合自身的禀赋。

如何找到合适的产品，在发展初期，可以通过迭代试错，去发现符合市场需求的产品，并加以改良。当数据累积到一定程度后，可以利用大数据工具，挖掘客户需求。同时，有条件的卖家开始整合供应链，从整合供应链来适应跨境电商对产品的要求。而对于一些生产加工类企业，可以通过改进自身的生产组织方式，来适应跨境电商对产品的要求。对于具备产业链优势的企业，可以通过整合，输出产品解决方案，完成企业在跨境电商领域的升级。跨境电商产品策略见图4－9。

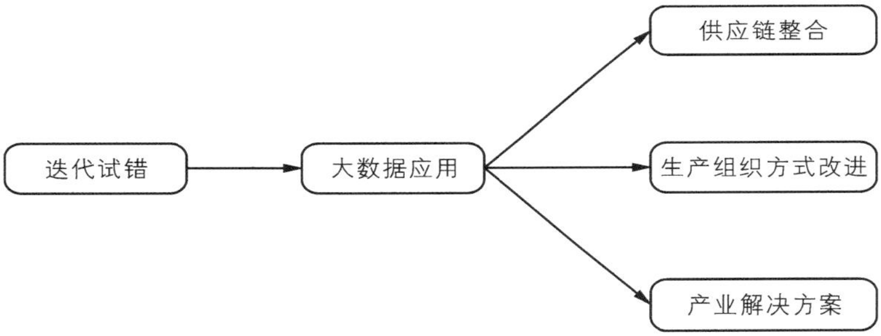

图4－9　跨境电商产品策略

第五章 人才策略

要点提示

1. 缺乏人才是阻碍跨境电商企业发展的核心因素之一，目前在招聘、培养、留任多个环节均存在问题，主要原因是跨境电商的发展速度过快，远远超过了市场的供给速度。
2. 解决人才问题，企业要从综合型人才、专业型人才两个方面，招聘、培养、留任三个角度全面考虑。

5.1 跨境电商人才现状及困境

跨境电商的蓬勃发展，吸引了大量的传统企业参与到跨境电商中，同时也产生巨大的人才缺口。《中国跨境电商人才研究报告》显示，企业对人才的需求是强烈而渴望的，85.9%的企业认为跨境电商人才缺口严重。

5.1.1 跨境电商需要什么人才

跨境电商涉及国际贸易和电子商务两大领域，既需要推广运营、跨境物流、美工摄影等专业型人才，又需要拥有平台运营技能，对大数据、用户体验、金融服务熟知的综合型人才。

1. 专业型人才介绍

与传统国际贸易不同，跨境电商需要更多具备电商属性的专业人才，能够在线上更好地展示产品、营销推广、服务客户。从岗位角度来看，跨境电商需要的专业人才主要有以下几种：

（1）需求分析及选品人才。

针对目标国家的目标用户，从购买习惯、需求偏好、文化习俗等角度出发，进行全方位的分析。对于专业卖家而言，之后需要采购合适、有销路的产品，并与供货商保持长远、稳定的合作关系；对于制造商而言，之后需要设计、生产与用户相适应的产品。

（2）网站平台搭建及推广人才。

网站平台搭建人才主要指懂外语的PHP（超文本预处理器）程序员和前台美工（必须懂开发语言），可以帮助企业开发维护主站及进行平台网店的装修。

推广人才主要集中在精通各大平台规则、SEO（搜索引擎优化）、SEM（搜索引擎营销）、Adwords（赞助商链接）操作、外媒PR（公关）、外媒广告管理、SNS（社交网络服务）、Video Ad（视频广告）、Picture Ad（图片广告）、Comment Ad（评论广告）等专业人员，这些岗位贵在专，同时又应具备外语能力。

（3）美工、摄影。

美工、摄影人才主要指精通视觉营销，可以拍摄出符合各大平台规则的产品图片及具备文字排版能力的专业人才。

（4）客服。

熟练应用邮件、在线沟通工具，运用英语、德语、法语、俄语、阿拉伯语等与客户进行交流。另外，由于发达国家用户自身权利意识较强，监管机构对保护消费者权利较为严格，经常出现投诉、退货甚至触犯知识产权的纠纷问题，因此客服还需要有不同国家法律和支持产品纠纷处理的能力。

（5）物流人才。

跨境电商中的物流环节既是成本中心，又是利润中心，是用户体验的关键，还可以极大地提升企业的运营效率。跨境电商物流人才主要指具备国际订单处理能力，熟知国际物流发货流程和规则的专业人才。

2. 综合型人才介绍

跨境电商外部环境复杂，不同国家、不同行业所应对的政策规则不同，总体呈现出“需求多样、链条冗长、匹配复杂”的特点。在这样的背景下，综合型人才成为企业推动跨境电商的关键。

（1）初级人才。

初级人才主要指掌握跨境电商运营技能，具备跨境电商平台实操能力的人。对于传统企业而言，拥有初级人才意味着跨境电商可以进入实操阶段了。具体来说，初级人才需要掌握以下能力：

①英语或小语种的交流能力。亚马逊、eBay等主流跨境电商平台以欧美发达国家为主要市场，跨境电商企业需要通过英语与用户进行沟通交流。全球速卖通以俄罗斯、巴西等新兴国家为主要市场，近几年发展迅猛（2015年交易额同比增长600%），跨境电商企业对俄语、西班牙语、意大利语、阿拉伯语等人才的需求急剧增加。

②了解海外目标用户的消费理念及文化。由于文化习俗、需求偏好不同，国内外用户差别巨大，跨境电商企业要对国外情况了如指掌，熟悉目标国相关行业的商品属性、成本、价格等情况。

③了解相关国家知识产权和法律知识。据统计，60%以上的跨境电商企业遇到过知识产权纠纷，涉及商标、图片、专利等多种载体。跨境电商企业需要了解各类电子商务相关法律，拥有应对大多数纠纷的能力。

④熟悉各大跨境电商平台不同的运营规则。不同的跨境电商平台，拥有差异极大的跨境电商规则，企业必须熟练掌握各个运营规则，拥有针对不同需求和业务模式的平台运营技能。

（2）高级人才。

高级人才是指在战略角度对跨境电商有所洞察，能够对跨境电商的发展规律有所预测，熟练掌握跨境电商技术知识，能够胜任跨境电商营销、大数据分析、用户体验塑造、跨境电商物流及金融服务的综合型人才。对于企业而言，高级人才是实现可持续快速发展的保证，而随着跨境电商向纵深化发展，能够引领企业国际化发展的高级人才也将一将难求。具体来说，高级人才需要具备以下能力：

①需求匹配能力。跨境电商链条冗长、环境复杂，企业要具备识别国家差异、需求差异、重塑贸易链的能力，能够针对不同需求选择相适宜的渠道，制定相关的营销运营策略，为不同行业、不同类型的用户提供与其需求相匹配的一系列产品及相关服务。

②高效整合能力。跨境电商是新一次社会化大分工的开始，企业做好跨境电商，需要基于自身的核心竞争力，通过生态圈进行高效整合。特别是在营销的过程中，为了实现目标国“本地化”，往往需要对目标国流量引入、国际营销、当地品牌知识有深入的了解，能够整合到当地优秀的流量导入、客户转化、客户留存、售后服务相关的各类本地化服务商。跨境电商最终的竞争不仅是成本、价格的竞争，更是本地化服务的竞争。

③带团队的能力。各类型人才稀缺是跨境电商企业持续面临的困境，高级人才要具备识人用人的能力，一方面在内部甄选培养跨境电商人才梯队，另一方面从外部不断吸引适合企业发展需求的新鲜血液。同时，高级人才还要具备团队管理能力，懂得如何留住优秀人才，营造适合人才发展的良好氛围。

④政策规则应对能力。从全球范围来看，跨境电商正处于高速不稳定的发展初期，全球贸易规则将发生巨大的变化。跨境电商企业要能够及时了解国际贸易体系、政策、规则、关税等方面的变化，对各国进出

口的情况及趋势也要有深入的理解和分析能力。

⑤老板心态，创业精神。作为新生事物，发展跨境电商缺乏成熟的、定性的、验之有效的具体方法，每个企业的跨境电商之路都充满坎坷，高级人才只有秉持老板心态，发扬创业精神，敢于尝试、不断碰壁、积极学习、勇于承担才能做好跨境电商。

5.1.2 跨境电商的人才困境

1. 跨境电商的人才现状

2014年，阿里巴巴商学院联合阿里研究院对浙江、广东等地的跨境电商企业进行了调查，发现40%的企业表示各类人才都很缺，超过30%的企业急需跨境电商运营推广人才，超过20%的企业急需技术性人才，超过10%的企业急需包括物流在内的供应链管理人才。在未来几年内，几乎所有的跨境电商企业都有扩招员工的计划。

（1）外部聘用困难重重。

校招生难以满足企业发展跨境电商的需求。跨境电商正处于快速发展期，规模与日俱增、模式不断变化，高校毕业生往往缺乏专业训练和实践，在工作中解决问题能力和动手能力严重不足，难以适应企业跨境电商业务的发展要求。

社会人才严重不足。近年来国内电子商务发展虽然很快，但很多传统企业还是没有把电子商务作为企业发展的战略增长点来培育和推进，缺乏电子商务技术和管理人才，企业主要以传统的方式进行生产和营销。大量企业在网上的商务活动仍然以广告、寻找供应商、网上洽谈等初级电子商务应用为主，企业间电子商务大多还处于线上洽谈、线下成交的模式，精通电子商务的人才严重缺乏。

（2）内部培养成本太高。

跨境电商因业务涉及面广，从业人员所需知识结构较为复杂，当前从业者多为电商、外贸、外语等专业转行，企业需要进行岗前培训，但当前培训成本普遍较高。

以杭州为例，目前最基本的跨境电商客服人员，至少需要经过3个月的脱产培训才能上岗，单个人员的直接培训成本在6 000元以上，加上误工引起的业务损失等机会成本，培训成本高达数万元。随着跨境电商的快速发展，从业人员的薪资水平也不断上升，电商客服的年收入已经从3万～4万元，普遍上涨至5万～6万元，主管级别的年薪往往在10万元以上。

（3）既有人才不断流失。

作为一个新兴行业，跨境电商人才流动性很大，人才流失率非常高。

首先，大部分跨境电商企业还处于初创阶段，与跨境电商相匹配的企业文化还没有形成及巩固，企业制度还不健全，团队还不够稳定，无法有效吸引及凝聚优秀人才。

其次，由于市场供求的不平衡，为了能够吸收优秀的人才进入自己的团队，许多企业甚至不惜重金挖同行墙脚，优秀员工跳槽的现象格外严重。

最后，跨境电商的迅猛发展使得短周期、低门槛的创业机会越来越多，相较“70后”，作为跨境电商主流人员的“80后”“90后”往往不够稳定，有较大比例的人才选择自己创业。

2. 人才困境的根本原因

人才是跨境电商的最大瓶颈，从历史的角度来看，每一个新生事物都将经历这个过程（如2005年左右国内电商的兴起也经历了这样的困境），而了解困境背后的原因，有利于企业认清自己所处的现状，从而有针对性地制定对策。

具体来说，造成当下跨境电商人才困境的根本原因有以下两点。

（1）跨境电商发展速度远超人才供给速度。

2015年，中国跨境电商进出口交易额相较2014年增长33%。据商务部预测，2016年中国跨境电商进出口贸易额将达6.5万亿元，未来几年跨境电商占中国进出口贸易比例将会提高到20%，年增长率将超过30%，大大超过了贸易总体增速（8%左右），跨境电商已经开始改变全球贸易的版图。

跨境电商蓬勃发展的背后，是数十万家企业的不断崛起。商务部估算，目前每年在跨境电子商务平台上注册的新经营主体中，中小企业和个体商户已经占到90%以上。以深圳为例，2007年左右跨境电商从业企业不超过1 000家，2015年已经增长至近10万家。

随着跨境电商企业的不断崛起，对专业人才的需求呈指数级增长。2014年起，以阿里巴巴“百城千校”计划和321电商学院为代表，我国与跨境电商相关的培训机构数量快速增加，但其培养速度远远不能满足全国跨境电商企业的需求。相关数据显示，2015年仅广东跨境电商人才缺口就超过30万，未来10年中国电子商务人才缺口将超过400万。

（2）既有人才素质无法满足企业需求。

跨境电商专业理论体系缺失，学校培养与企业需求错位。通常，我国高校的教育体系迟于企业实践需求，专业的设置也迟于企业的实践。长期以来，我国的高等教育以学历为导向，往往按照教育界的评价体系开展，实际动手能力较差，与产业的发展严重脱节。跨境电商正处于快速发展期，规模、模式都在剧烈变化，在基础知识之上，对人才解决问题的能力和实际动手操作的能力要求非常高，这就导致刚毕业的大学生很难适应跨境电商企业的需求。

传统国际贸易人才难以适应跨境电商的需求。跨境电商涉及国际贸易和电子商务两大领域，相关人才不仅需要了解国际贸易，更需要对电子商务有着明确的认知和感受，这意味着将企业将国际贸易人才（特别是“60后”“70后”员工）简单地调配到跨境电商部门是不起作用的。

同时，学校比较重视理论的教学与研究，而企业更需要实践应用，因此高校专业人才培养与企业的需求发生了错位。

5.2　企业的应对策略

形势再差，也会有很好的企业；形势再好，也有很差的企业。宏观形势对于多数企业来说都没有直接的关系，这个道理放在跨境电商领域也是一样的。

作为新生事物，跨境电商的人才问题在2～3年内很难得到解决。从存量角度而言，满足跨境电商要求的人才少之又少。在全中国，精通各大跨境电商平台运营，懂得独立网站及品牌营销的人凤毛麟角；从增量角度而言，跨境电商人才短时间内难以形成规模。面对多行业、多品类、多供应链、多国家、多平台等运营难题，跨境电商人才无法依托培训快速“复制”。

但是，作为企业而言，不能把大环境作为借口，面对人才困境，要下决心、想办法、下血本。人才困境是问题也是机遇，在所有企业都面临人才困境的时刻，如果企业能够解决好人才问题，在人才成本和企业运营之间找到平衡点，就可以较快地实现突破，完成企业的跨境电商转型。

5.2.1 合伙制＋社会化协作，解决综合型人才问题

综合型人才既是企业推动跨境电商发展的关键，也是最大的瓶颈。对于传统企业而言，旧有的人力模式以及管理模式往往难以吸引跨境电商的优秀人才。找到新的方法，破解综合型人才难题是企业发展跨境电商的必经之路。

1.“合伙制”凝聚优秀人才

马云说：“下一轮竞争，不是人才而是合伙人制度的竞争！”

对于真正优秀的人才而言，简单的“职位＋薪酬”往往缺乏吸引

力：传统企业模式裂变性有限，管理方式陈旧，难以招揽优秀的人才（特别是“80后”“90后”优秀人才）加入；同时，即使通过金钱的方式吸引优秀人才加入，也经常由于团队氛围的问题，难以长久留住优秀人才。

合理运用合伙人制度，不仅可以吸引跨境电商相关的外来优秀人才，快速打造成熟团队，还可以留住企业辛苦培养出的优秀人才，保持跨境电商团队的稳定性及高效性，满足企业凝聚人才、促进发展的现实需求。

2012年7月，3个年轻人（分别负责运营、海外仓、供应链）投资15万元，成立了深圳乐能电子有限公司（以下简称“深圳乐能”），主要在亚马逊海外平台上从事数码产品相关的销售。运营至2013年，深圳乐能小有所成，营业额突破100万元。

深圳市迪比科电子科技有限公司（以下简称“迪比科”）是一家深圳的老牌公司，成立于2004年，专业从事移动电源，及手机、数码摄影器材、IT配件产品的制造，为全球各地的大型客户提供代工服务。

2013年，在全球经济形势的影响下，迪比科的最大采购商突然停止采购，迪比科陷入困境，面临破产的可能。无奈之下，迪比科只能选择破釜沉舟，通过合伙制的方式吸引深圳乐能核心团队共同成立新公司，其中迪比科占有51%以上的股权。

新公司实现了迪比科与深圳乐能的优势互补：深圳乐能团队更加了解终端消费者，通过大数据分析等方式，充分挖掘了欧美市场的特点和需求；迪比科团队更加擅长研发和制造，在收到来自终端消费者的准确需求数据之后，通过不断打磨、几代产品的迭代，生产出了非常适合欧美客户偏好的新产品。2014年，仅仅1年之后，新公司的营业收入就突破了1亿元；2015年，新公司的营业收入突破2亿元。

做好合伙人制度的5个要素

①寻找合适的合伙人：合伙人制度的本质目的是希望吸引优秀人才以帮助企业的发展。在寻找合伙人时，除了自身能力之外，还要确认对方是否具有一致的经营理念，确认对方是否高度认同公司企业文化，愿意为公司的使命、愿景和价值观竭尽全力。

②建立开放的企业文化：对于优秀人才而言，找到一个平台，让自己能借助平台的力量快速成长，并在平台上能获得成就感和归属感才是最终目的。因此，企业需要建立开放的企业文化，以开放包容的心态给予人才以充分的信任和支持，让人才与企业之间形成良好的互动。

③尊重合伙人意愿：合伙人制度的目的在于凝聚共同的事业伙伴，向着共同目标前进。合伙人制度应建立在有预期收益有稳定基础的前提下，而非在企业出现问题时捆绑人才的手段。强制捆绑有可能使核心人才对企业及老板产生不信任感，加速人才流失，加速企业的衰败。

④以创业心态驱动合伙人团队：要给予合伙人团队参与企业经营的权利，在企业内部为优秀人才创造创业的条件，变为别人打工

为“为自己打工”。只有人才参与公司经营决策、融入创业合伙人团队时，才有可能真正找到创业的感觉。

⑤建立合理的分配机制：合伙人制度要秉承“谁贡献，谁分享”的原则，激发有能力的人持续贡献，推进企业持续发展。要视合伙人投入的时间精力和对合伙项目本身的投入度来进行利益分配，同时建立系统的进入机制、发展机制、考核机制、分配机制、淘汰机制、退出机制等制度，持续吸引优秀的人才加入，壮大企业的核心团队。

2. 社会化协作，做自己最擅长的板块

跨境电商背景下，社会化分工协作网络越来越精细化。专注于自己的长板，与跨境电商生态圈不同物种深入合作，往往是成本最低、效率最高的方式。

对于传统制造业企业（特别是中小企业）而言，最擅长的往往是产品，盲目杀入跨境电商终端市场，直接面对消费者，既不擅长也缺乏人才团队的支撑。在这种情况下，阶段性地选择业务外包，将终端销售交给专业的跨境电商卖家团队（以下简称“专业卖家”）分销，并与之形成紧密的信息回路从而迭代打磨产品，是较为理性的选择。

淘宝快速发展的背后，是无数家淘宝小店、淘宝店小二的崛起。跨境电商也是如此，伴随着近几年的爆发式发展，一大批跨境电商的“淘宝小店”（即专业卖家）开始出现。他们熟悉海外目标市场，拥有较强的运营能力，往往在兼顾自身运营的同时，还为其他企业进行分销服务。

尚睿的前身是专业卖家，在2011年之前的几年迅速发展，从零开始成为深圳地区顶尖的亚马逊大卖家。2011年，尚睿开始转型，成为一家主要面向生产制造业企业的互联网服务商。2014年，尚睿的美国分公司SainStore Inc.被评为美国发展速度最快的500家中小型企业之一，在评比中排名第12。截至2015年，尚睿已经为200多家企业提供了分销服务，与二十多家企业共同成立了合资公司，帮助唯兰朵、邦泽电子等多家传统制造业企业成功地打造了自己的品牌。

5.2.2 社会化培训＋政府合作，打造跨境电商专业团队

1. 借助社会化培训力量，孵化引进专业人才

对于企业而言，独自培养跨境电商专业人才，往往意味着极大的不确定性（特别是传统企业，内部缺乏跨境电商相应的氛围）和高昂的成本（需要较长的时间和迭代试错的成本）。借助以321电商学院为代表的社会化培训力量，可以有效地招揽优秀的跨境电商专业人才，并通过团队训练，提升企业整体的跨境电商能力，保持持续的团队竞争力。

321电商学院成立于2014年10月，是跨境电商培训行业的龙头品牌。

针对跨境电商专业人才问题，321电商学院一方面连接高校人才，吸引广东、黑龙江、湖北、广西等地的大学生，通过位于东莞的321跨境电商孵化基地，实行1个月时间的集中实战培训；另一方面连接全国各地的跨境电商企业，针对其用人需求，在孵化基地偏向性地进行相关演练。321电商学院的服务得到了市场的极大认可，参加培训的大学生往往在培训开始不到1个月的时间内就都实现签约。截至2015年年底，321电商学院培养大学生超过8 000名。

针对跨境电商企业已有成员，321电商学院提供以实操为导向的一系列培训服务。截至2015年年底，321电商学院累计培训企业学员已经超过100 000人。

2. 主动对接政府资源，善用公共服务平台

面对跨境电商热潮，各地政府纷纷出台新政新规，帮助企业推动跨境电商的发展。在一定程度上，这改变了企业（特别是中小企业）因发展规模，无法对接优质培训资源及教育资源的局面。关注政府动向，主动利用政府资源，中小企业将有机会获取更多优秀的人才资源，完善团队资源禀赋，推动企业人力建设。

杭州综试区：①杭州综试区制定了《综合试验区人才培训计划》，推动部分在杭州的高校开设了跨境电商专业和课程，为跨境电商的发展提供人才支撑；②杭州综试区成立了杭州跨境电商协会，促进行业转型升级、研讨交流和宣传推广；③杭州综试区与浙江大学共建“浙江大学中国（杭州）跨境电子商务综合试验区研究院”，开展决策咨询、学术研究、人才培养等活动。

重庆政府：①加大力度与企业合作。重庆市渝中区政府与阿里巴巴、24K大学生人才孵化平台合作，共建“重庆跨境电商人才O2O培养基地”，预计未来3年将用生态建设模式，培育5万跨境电商初级人才；②注重面对企业的培训。重庆市贸促会邀请海关总署等政府部门、阿里巴巴全球速卖通等专业服务机构、对外经济贸易大学等研究机构，针对100多家企业和240多名人员，开展包含跨境电商政策、业务与技巧、管理与思维等重点内容的培训。

东莞政府：①校企合作，东莞针对本地高校、省内高校，以及黑龙江、湖北、湖南的高校展开校企合作项目，吸引大四学生到东莞企业实习，吸引省外毕业生到东莞企业定点实习、培训；②资金支持，东莞市政府从2015年出台的1.5亿元电子商务专项资金中拿出一部分，专门培养跨境电商人才。

5.2.3 统一共识＋氛围打造，留住跨境电商优秀人才

1. 统一共识，凝聚团队力量

对于初入跨境电商的企业，特别是传统企业而言，能否自上而下统一共识，认识到跨境电商的重要性，并形成与之相适应的内部氛围是成败的关键。

目前，大多数企业对跨境电商仅仅是战术层面的认知，将其作为企

业销售的补充式渠道，没有从战略层面及企业未来发展角度深刻地认识跨境电商，这样团队运营下的企业是无法实现高效、高质运转的。

统一团队认知，必须自上而下，从老板层面开始，首先实现企业高层在跨境电商方向上的同频，才有可能最终形成具有共同目标的核心团队。

2015年，贝贝家纺织在跨境电商转型的路上，明显感觉到工厂的乏力：①团队习惯了以订单为中心、唯领导是从的传统管理模式，对跨境电商的重视程度不够，无法及时响应跨境电商的需求；②团队习惯了“大批量、规模化”的生产方式，面对“小批量、碎片化、高频率、定制化”的新形势，面对与之相适应的新机器、新技术，有抵触心理，不愿意花费成本和精力进行投入。

面对困难，贝贝家纺织启动了针对内部团队的“基因改造”计划，邀请顶尖的培训机构入驻，自上而下开展一系列的“统一共识”行动。培训覆盖全公司所有的人员（包括一线生产人员），不仅包含跨境电商的技能培训，还包含跨境电商的“洗脑教育”。经过持续的培训介入，贝贝家纺织转型效果明显，2015年实现了4 000多万元的营销收入。

2. 归零心态，尊重人才，培养员工的创业精神

“80后”“90后”是跨境电商的主流人群，是在互联网、电商大环境下生长成人的一代人。作为缺乏跨境电商独立认知能力的老板（特别是“60后”“70后”），要修炼“归零心态”，勇于承认自己在跨境电商方面的不足，尊重以“80后”“90后”为主的跨境电商人才：①打成一片，向他们学习跨境电商相关的最新知识和理念；②善于指导，在价值观层面影响员工，成为团队人生导师。

“80后”“90后”在相对优越的环境中长大，具有和“60后”“70后”截然不同的价值观，对父辈一代的艰难岁月往往缺乏体悟，他们更加向往体面的、自由的、个性的、能实现自我价值的生活。通过变革管理机制，导入“自组织”模式，营造企业内部的创业氛围，培养员工的创业精神是凝聚团队、打造可持续竞争力的最佳武器。

“80后”“90后”的工作动机不同于父辈、兄辈，具有多元化的特征：利益需求与情感需求并重，参与需求与学习需求共有。因此，企业应采取针对性的管理和激励方法，注重满足“80后”“90后”员工的心理期待，注重信息公开和透明，注重员工的参与感，注重利益的分享和命运共同体的构建。

老邓出生于1970年，之前开了一家模具厂，生产手机周边配套产品，主要客户都来自广东。2009年，老邓突然发现很多年轻创业者从自己的工厂采购产品，他们采购的数量较少但往往使用现钱付款，老邓很感兴趣，于是就进一步调查了这些年轻人的生意，从而发现了跨境电商这个蓝海市场。2009年，老邓正式进军跨境电商领域，从零开始打造了4个品牌，成为eBay和Wish平台上的大卖家。2015年，老邓跨境电商公司的员工突破100名，营业额突破2 000万美元。

作为一个“70后”的传统老板，是如何转型成功并带领“80后”“90后”的团队呢？

①摆正自己的位置，承认自己在跨境电商领域的无力。老邓知道自己不是做跨境电商的料，即使通过努力和学习也很难成为优秀的跨境电商人才，所以在自己对大方向有把控和认知能力的基础上，他敢于把跨境电商的事业交付给“80后”“90后”，并承认他们的重要性。

②激发“80后”“90后”的热情，让他们真正参与进来，拥有创业的感觉。老邓把100多个员工分成了十几个各自独立的“小组织”，他们有权决定自己卖什么、从哪里购货、花多少精力推广，同时实行底薪制、让提成成为员工的主要收入来源。目前，老邓手下普通的“90后”员工月收入可以达到1万元，而“小组织”的领导月收入则可以突破3万元。

③坚持不懈的学习，深入一线的战斗。老邓虽然知道自己不可能成为跨境电商领域的实操高手，但他坚持要对跨境电商有自己的独立认知能力，能够和跨境电商团队进行无障碍的沟通。因此，老邓参加很多跨境电商培训，并坚持80%以上的“小组织”决策会议到场聆听。

跨境电商的蓬勃发展，吸引了大量的传统企业参与其中，同时也带来了巨大的人才缺口。解决人才困境，单单依靠政府、高校、第三方平台等外部力量是不够的，最重要的还是在于跨境电商企业自身。只有认清跨境电商的长远价值，敢于投入时间不断“修炼内功”，打造开放的、具有创新氛围的、能彰显员工价值的企业，优秀人才才会不断汇集与凝聚，企业的人才问题才会得到根本解决。

延伸阅读：

“321电商学院”公众号：跨境电商领域最专业、最开放的信息交流平台，致力于为企业提供最有价值的跨境电商行业资讯和跨境电商干货。

附　录

阿里巴巴“百城千校”计划

在我国，高校仍然是人才培养的重要基地，理应是人才培养重要的着力点。目前，中国高校每年毕业生超过700万。跨境电商相关的专业包括外语、电子商务、国际贸易、信息管理、经济管理等多个专业。据统计，高校潜在的培养对象在100万以上。显然，将跨境电商相关专业的高校学生培养成跨境电商人才，是缓解跨境电商人才短缺、促进大学生就业、推动企业发展跨境电商的有力手段。

2015年6月1日，阿里巴巴在京启动“百城千校”计划，希望通过联合政府、高校、企业、培训机构等多方组织，在3年内培育出100万具有跨境电商实战能力的人才，从而帮助跨境电商企业，特别是中小跨境电商企业解决人才难题，从而抓住更大的外贸出口机遇。

阿里巴巴“百城千校”计划重点在推动跨境电商人才梯队建设，协助企业建立初、中、高3个人才梯队，同时给相关专业的学生提供明确的成长路径。学生不仅可以在阿里巴巴培训之家平台学习跨境电商相关知识，而且还可以通过线上平台进行模拟操作，实现理论和实践操作相结合。最终，学生将通过在线考试平台考取跨境电商人才证，参加人才双选会或者由企业家导师团帮助创业，从而成为合格的中国新外贸人。

关于阿里巴巴“百城千校”的目标，阿里巴巴副总裁余涌认为，这主要是为了人才培养、推动转型和构建生态。在人才培养和推动转型方面，余涌认为：“阿里巴巴用3年的时间，培养出100万初级的外贸电商人才（具备外贸入门知识、阿里巴巴平台基础操作能力、熟悉信用保障体系的学生），通过推动他们到外贸企业的就业，帮助400万家外贸企业进入电商行业，从中国制造转型为中国创造。”在构建生态方面，阿里巴巴“百城千校”计划的最终目的是将开放、分享的阿里巴巴文化覆盖进生态体系，将政府、高校、学生、第三方、企业等不同的生态物种联动起来，建设外贸大生态体系。由此，阿里巴巴“百城千校”计划的第一期将覆盖1 000所国内院校，第二期将扩充更多的国内院校，甚至包括部分海外院校。很多高校已经组织教师参与了阿里巴巴“百城千校”项目的师资培训。余涌表示，除了阿里巴巴的推动和参与，培育中国新外贸人才也需要政府的支持，特别是跨境电商人才的标准共建和共同认证上，让人才培育的环节更为通透与全面，形成有效的合力。

阿里巴巴“百城千校”计划势头良好，得到了学生、高校、企业的高度认可。截至2015年9月18日，为培养跨境电商人才启动的阿里巴巴“百城千校”计划已经覆盖国内院校328家，其中大多来自广东、浙江等传统的外贸大省。项目培养的相关人才解决了2 720家企业的招聘需求。从学生的情况来看，有超过1万人（12 762人）的学生通过了初级认证，成功就业的学生达到4 746人。众多学生通过线上线下的学习并考取证书，具备初级外贸人员操作技能，获得高质量就业。众多外贸中小企业均表示，通过该项目培养出来的学生，显著缩短企业培训所耗费的时间。

| 第三部分 |

跨境电商企业实操指南

跨境电商六大关键因素

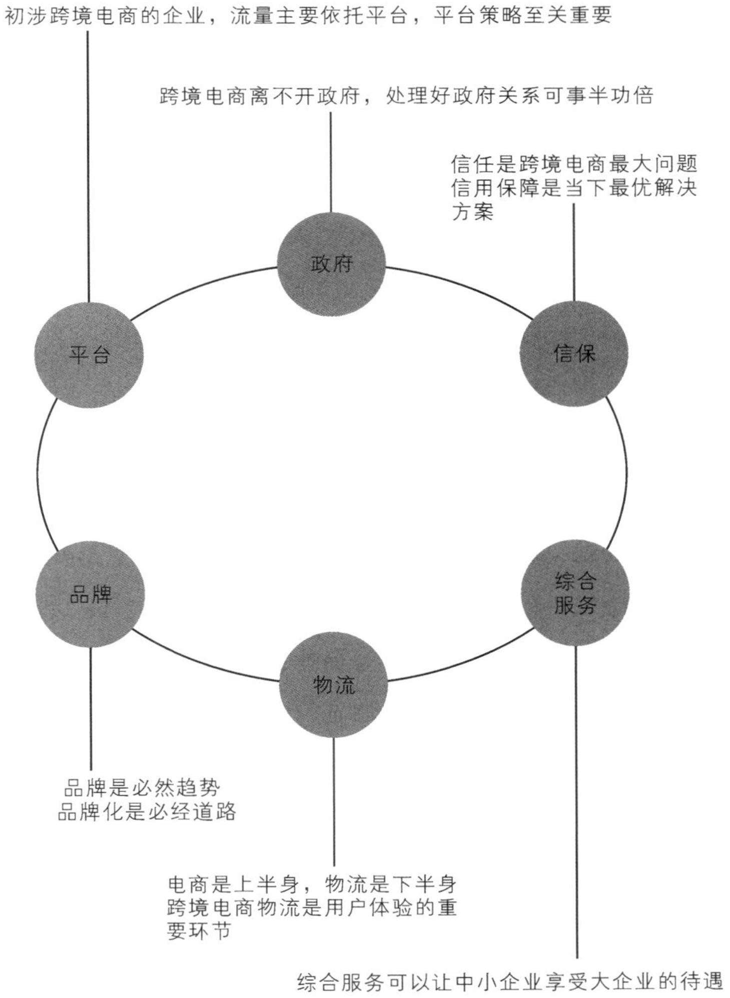

初涉跨境电商的企业，流量主要依托平台，平台策略至关重要
跨境电商离不开政府，处理好政府关系可事半功倍
信任是跨境电商最大问题
信用保障是当下最优解决方案
政府
平台
信保
品牌
综合服务
物流
品牌是必然趋势
品牌化是必经道路
电商是上半身，物流是下半身
跨境电商物流是用户体验的重要环节
综合服务可以让中小企业享受大企业的待遇

第六章　平台选择

要点提示

1. 不同阶段、不同规模的跨境电商企业所涉及的平台策略是不同的，企业要从目标客群、目标国家、产品性质三个角度入手，制定与自身情况相适宜的跨境电商平台策略。
2. 跨境电商平台的两个发展趋势是：品牌化、用户化。
3. 进行平台选择时，企业应该注意：①顺势而为，遵循跨境电商平台的发展趋势；②不同阶段选择不同的平台策略；③借助外部力量，降低平台的操作难度。

6.1　平台差异化解析

商务部数据显示，2015年我国各类跨境电商平台企业已经超过5 000家。不同的跨境电商平台（如阿里巴巴国际站、全球速卖通、亚马逊、eBay、Wish等），具有不同的定位及规则，选择适合自身情况的平台、制定相适宜的营销策略，是传统企业转型跨境电商至关重要的一步。

6.1.1　客群差异

传统国际贸易中，主要的购买群体是B类客户，具有“大订单、低频率、交易周期长”的特征。

在跨境电商时代，主要的购买群体既有B类客户，也有C类客户。B类客户主要指企业类客户，通过跨境电商平台直接向中国供应商下订单，通过相较复杂的交易手段完成支付，并以海运为主要物流手段。C类客户主要指终端消费者，通过跨境电商零售平台与卖家进行线上交易，以快递（或海外仓模式）为主要货运手段。

在跨境电商时代，B类客户和C类客户的界限正在不断模糊化，越来越多的海外零售商和分销商成为跨境电商平台的购买者（以下简称“小B客户”），他们的特征是：①小B客户订单相较传统B类客户更小，但却比C类客户的订单大；②相较传统的B类客户，小B客户议价能力较弱，在生产、付款等方面更有利于中国供应商；③小B客户会在各类平台上出现，如即可能在阿里巴巴国际站上出现，也可能在亚马逊上出现。

对于从事B2B业务的企业而言，阿里巴巴国际站、环球资源网、敦煌网、大龙网、中国制造网、世界工厂网是重要的销售渠道。对于从事B2C业务的企业而言，全球速卖通、亚马逊、eBay、Wish是重要的销售渠道。对于从事“B2小B”业务的企业而言，则更需要的是从客户偏好出发，全盘进行考虑。各类平台针对的客群情况见图6－1。

图6－1　各类平台针对的客群

6.1.2　市场差异

不同国家或地区之间，跨境电商的发展情况差异极大。从分布来看，目前中国跨境电商出口的主要目的地市场可以分为两大类：一类是成熟国家市场，主要由美国、法国、英国、德国等发达国家组成；一类是新兴国家市场，主要由俄罗斯、巴西、印度、墨西哥、印度尼西亚等国家组成。

美国市场商业体系发达，B类客户规模较大；同时，以亚马逊、eBay为代表的零售电商发展也十分迅猛，C类客户规模也比较大。欧洲市场商业体系发达，但零售类电商发展相较缓慢，跨境电商B2C市场弱于美国，跨境电商B2B市场有较大发展空间。

新兴国家市场具有数量庞大的消费群体，但由于基础设施不健全、线下零售体系欠缺等原因，消费需求并没有在线下完全得到解决。伴随着跨境电商的快速发展，越来越多的新兴国家消费者选择通过跨境电商平台购物，跨境电商B2C市场潜力十分巨大。同时，伴随着全球工业和分销体系的发展，特别是以东南亚为代表的发展中国家不断承接全球产业转移，新兴国家市场的跨境电商B2B市场开始展现出潜力。

相较境内电商阿里巴巴一家独大的态势，跨境电商市场比较复杂，平台参与者较多。跨境电商B2C市场中，亚马逊、eBay等美国跨境电商平台占据了成熟国家市场的较大份额，阿里巴巴系的平台占据了新兴国家市场的较大份额。同时，地区垂直类细分平台也是跨境电商的特征之一，如Lazada是东南亚最大的电商平台（目前已被阿里巴巴收购），Cdiscount是法国及法语区国家最大的零售类电商平台，乐天是日韩最大的零售商和电商平台。跨境电商B2B市场中，阿里巴巴国际站是最有代表性的跨境电商平台。主流跨境电商平台全球访问情况见表6－1。

表6－1　主流跨境电商平台全球访问情况

平台	全球网站排名	发达国家情况	新兴国家情况
亚马逊	12	美国60.9%	印度3.9%
		日本3.2%	墨西哥1.6%
		英国2.3%	巴西1.3%
		加拿大2.2%	中国1%
		德国1.2%	
		澳大利亚1.2%	

（续表）

平台	全球网站排名	发达国家情况	新兴国家情况
eBay	23	美国57.5%	印度3.2%
		日本3%	俄罗斯2.6%
		英国2.2%	中国1.6%
		加拿大2.1%	墨西哥1.6%
		德国1.2%	巴西1.5%
阿里巴巴国际站	71	美国10.1%	印度4.6%
		日本2.8%	俄罗斯3%
		英国1.7%	巴西2.1%
		法国1.5%	
		西班牙1.5%	
		德国1.3%	
全球速卖通	68	美国7.4%	俄罗斯12.4%
		西班牙4.7%	巴西9.3%
		法国2.2%	印度4.4%
		日本1.9%	墨西哥1.9%
			尼日利亚1.8%
敦煌网	1149	美国27.3%	印度6%
		英国4.4%	巴西2.5%
		日本3.3%	
		澳大利亚2.5%	
		加拿大2.2%	
		法国2%	
		荷兰1.8%	

数据来源：Audience Geography. Where are this site's visitors located? 2014.6

6.1.3　产品差异

产品也是企业选择跨境电商平台的重要因素，不同产品在不同跨境电商平台上的优势不同。

从产品性质来看，2B类的跨境电商平台适合大部分产品，包括工业中间产品和零售类产品。同时由于B类贸易的复杂性，企业选择跨境电商B2B平台时，除了要考量平台的引流能力外，还需要综合考量平台的服务能力，如融资类服务、物流类服务、推广类服务等。

相较2B类跨境电商平台而言，2C类跨境电商平台差异性较大，所适合的产品也有所不同。

全球速卖通的主要市场是新兴国家，性价比特征比较明显，比较适合在供应链及成本方面有优势的企业。全球速卖通的优势类目包括服装服饰、消费电子（主要是手机通信）、时尚类（主要是美容美发）、珠宝手表、鞋子、汽配。

亚马逊的主要市场是发达国家，其买家对产品品质和品牌要求较高，比较适合品质把控及品牌打造方面有优势的企业。消费电子、无线设备、服饰、家居户外是亚马逊中国卖家的优势品类。

eBay的主要市场也是发达国家，相较亚马逊，eBay的主要客群更加大众化年轻化，eBay上售卖的产品种类更多，一些特别罕见的产品也能够在eBay上找到。eBay的5个销量最大的行业是电子、时尚、家居园艺、汽配及收藏品，增速较快的是家居园艺、汽配和时尚。主流跨境电商B2C平台优势类目对比表6－2。

表6－2　主流跨境电商B2C平台优势类目对比

平台	占比较高的商品类目
全球速卖通	服装服饰、消费电子、时尚类、珠宝手表、鞋子、汽配
亚马逊	消费电子、无线设备、服饰、家居户外
eBay	电子、时尚、家居园艺、汽配、收藏品

6.2　平台的发展趋势

6.2.1　品牌化

传统的国际贸易中的主要采购商，无论是沃尔玛、家乐福、乐购，通常只在中国进行贴牌采购。但在跨境电商时代，无论是亚马逊、全球速卖通、eBay，都在鼓励中国企业销售自有品牌的商品。

在亚马逊，没有品牌的商品是缺乏长期价值的，最终一定会在跟卖之中陷入价格战的泥潭。打造自有品牌，亚马逊平台也可能为企业提供相应的保护，从而保证企业的长期利益。

跟卖是亚马逊独有的机制。亚马逊认为，同一款商品的介绍、图片等信息应该是相同的，没有必要出现同一款商品有很多页面的情况，唯一的区别应该是价格。因此，亚马逊允许多个卖家使用同一个Listing（列表），如果A卖家创建了一个产品页，其他同款卖家看见后可以在上面增加一个按钮链接到自己的产品，表示：我这里也卖，可以来我这里买。亚马逊平台跟卖机制见图6–2。

图6－2　亚马逊平台跟卖机制

全球速卖通也在不断向品牌化靠拢。2015年12月，全球速卖通发布全平台招商准入新制度，推出了年费制度和年费返还措施，全面提升商家入驻门槛。从2016年4月初开始，所有商家必须以企业身份入驻全球速卖通、不再允许个体商家入驻；而到2016年下半年，商家不仅限制为企业身份，而且入驻必须有品牌。同时，所有全球速卖通大型活动，只允许有品牌的商家参与，平台主推在中国甚至全世界有品牌商标注册的商家。

目前，在eBay平台上，还有很多中国企业是靠量取胜，通过几百个账号同时运营着上万个SKU（库存量单位），尽可能增加商品的曝光度和流量。但随着中国商品同质化和价格战越演越烈，eBay上越来越多的中国企业开始注重产品品质，走品牌化的道路。

6.2.2 用户化

相较传统的国际贸易，跨境电商时代的用户权利更大：①信息更加对称，用户的选择空间极大地提升了；②信用体系更加健全，用户对产品（或企业）的评价可以在线上记录下来，从而持续影响企业的销售情况。

相较境内电商，跨境电商的用户评价更加真实，能更准确地反映企业状况：①跨境电商平台对虚假评价的打击力度非常大，刷单的情况相较国内少很多；②在文化的影响下，以欧美发达国家为代表的国外用户更乐意分享，同时更坚持原则，一般情况下不会轻易修改自己对产品的评价。

在跨境电商平台上，用户的力量可以对企业产生深远而重大的影响。以客户差评和投诉为例，轻则影响企业在平台上的排名（从而间接影响客户流量），重则可能导致被封店。在可见的未来，无论是亚马逊、全球速卖通、eBay，规则向用户倾斜的趋势都将越来越明显。

eBay的规则十分偏向买家，一旦产品售后出现问题，遇到用户投诉，跨境电商企业将遭受巨大的损失，乃至店铺被封。

eBay的卖家服务评分系统分为4个维度，简称为DSR（Detailed Seller Rating，卖家服务评级系统），包括：①物品描述与实物产品之间的差异；②沟通质量及回应速度；③物品运送时间合理性；④运费及处理费合理性。卖家服务评分是5分制，以5颗星代表分数（5分最高，1分最低）。

“客户第一”是亚马逊重要的战略定位，为了打造极致的用户体验，亚马逊设立了十分偏向用户的规则，如果被用户投诉，特别是遭遇侵权相关的问题，轻则下架产品，重则直接封账号关店铺。

亚马逊设立A-to-Z索赔条款是为了保护买家从第三方购买商品时的权益。当买家从第三方卖家购买商品时，商品和物流都在A-to-Z条款的保护下。在满足以下情况时，买家可以提出A-to-Z索赔：

（1）买家已经通过自己的账号和第三方卖家沟通过。

（2）买家已经等待2个工作日还未得到卖家回复。

（3）以下情况满足一条，买家就可以提出A-to-Z索赔。

- 第三方卖家超过最长送达时间3天后或在下单日30天后，买家尚未收到商品，不论哪种情况先达到。
- 买家收到的商品被损坏、有缺陷，或者与商品介绍有本质的区别。
- 第三方卖家同意给买家退款但没有退款，或退款数额有误。

6.3 企业的应对策略

6.3.1 顺势而为，遵循品牌化、用户化的平台发展趋势

外贸行业不缺赚钱之道，很多人可以操着一口蹩脚的外语，从阿里巴巴上拿到大订单。外贸快速发展的时候，大家拼命赚钱；外贸陷入困境的时候，大家拼命“骗钱”，通过降低产品质量缩减成本，通过打价格战获取海外订单。比如，生产衣服的选用便宜的材料，生产家具的少几道喷漆工艺，生产移动电源的把电池容量做小。通过“骗钱”，钱或许能赚到，但却无法获得长远的生存空间。

跨境电商平台的品牌化，为中国企业提供了塑造品牌的机会。通过跨境电商平台，中国企业可以将研发建立在与海外用户直接沟通的基础上，可以因此将产品品质打磨得更好，可以从商标开始一步步塑造品牌，可以得到平台对品牌的大力保护。

潘总是老外贸人，一直经营照明设备相关的制造和贸易。2014年，潘总发现越来越多的客户拿货后，选择在亚马逊平台售卖，所以他也开始尝试自己在亚马逊上卖货。一开始，生意还算不错，售价10美元的手电筒卖得红红火火；但在2015年，随着越来越多的同行杀入，价格战越演越烈，潘总的手电筒生意一落千丈。

偶然机会，潘总在美国结识了资深的亚马逊品牌卖家老盛（美籍华人），两人合作开始了手电筒的品牌之路。首先，他们瞄准德国制造，重金聘用了德国设计师，打造了一款针对“汽车急救用途”的手电筒，使得手电筒在照明功能的基础上，具备了砸窗、割安全带的附加功能；其次，他们全球“抓药”，整合了日本最先进的金属材料和工艺，大幅提升了手电筒的耐用性。

在产品的支撑下，潘总成功打造了“汽车急救用途”领域的手电筒品牌，在将售价从10美元提高到49.99美元的同时，还获得了海外用户的高度好评。

跨境电商平台的用户化，在中国综合成本不断上升的背景下，可以为中国企业提供有别于“成本优势”的新的竞争力。在用户主权时代，中国企业要从“制造思维”向“用户思维”转变，拓展对产品的定义范畴，注重贯穿全程的用户体验，在产品之外下功夫。

大部分传统企业（特别是B2B领域）在用户体验方面都是缺失的，都有极大的提升空间。通过打造良好的用户体验，中国企业可以在有限成本的前提下，较大幅度地提升竞争力。

老杨是“60后”，创办了一家中型工贸一体化企业，主要生产的产品是破碎机，用于基础建设行业。2006年至2015年10年间，老杨的公司完成了750%的规模飞跃，从一家年营业不足2亿元的企业跃升为年营业超过15亿元的中型企业。耀眼成绩的背后，是以老杨为代表的管理层对跨境电商和用户体验的坚持。

官网是老杨推广业务的主要途径，公司70%以上的流量都来源于官网。为了做好官网，老杨组建了近100人的团队，专注于谷歌等搜索引擎的SEO和SEM，目前其产品销往了世界200多个国家和地区。

跨境电商之外，更难能可贵的是老杨对用户体验的坚持。相较跨境电商B2C，跨境电商B2B是一个漫长的过程，企业需要与海外客户频繁沟通，就解决方案、交易方式、运输方式等做长时间的商讨。

老杨抓住了这个过程，把每一次和客户接触的点都视为展示自我的重要机会，极力为海外客户创造产品基础之外的良好体验。比如，老杨公司的官网可以切换30种不同语言，外贸人员会在24小时内答复客户的任何问题，所有解决方案的表现形式可视化程度都非常高，交易及付款方式非常多样化（甚至因此设立了香港、迪拜多个分公司）等。

对用户体验的重视和点点滴滴的改善，塑造的是老杨的公司有别于同行的竞争力，是一定阶段内相对较高的利润水平，是长期来看企业的可持续发展能力。

6.3.2 不同阶段选择不同的平台策略

1. 初涉跨境电商要聚焦

初涉跨境电商的企业，无论从人才角度还是运营角度，都缺乏基础。

而不同跨境电商平台之间的差异，往往十分巨大。比如运营阿里巴巴国际站的团队不一定可以运营好全球速卖通，而精于亚马逊运营的团队也不一定能够在eBay平台创造丰厚的收益。

因此，初涉跨境电商的企业一定要聚焦，要根据自身情况，选准一个跨境电商平台进行尝试。

聚焦阿里巴巴国际站，外贸企业实现大突破

汪总的企业在杭州，以生产销售礼品用笔为主要业务。2014年之前，汪总公司的主要客户来自广交会和香港礼品会，但随着国际需求的持续萎靡和跨境电商的崛起，展会生意越来越难做，客户越来越少。

2014年，汪总决定正式转型跨境电商，考虑公司相关人才基础薄弱，而产品又主要针对B类客户，所以初涉跨境电商时，汪总选择了聚焦阿里巴巴国际站的策略。2年的转型之路充满坎坷，但总体发展顺利。2015年，汪总的企业实现了800万美元的业绩，并积累了一大批以“80后”为主的海外客户。

聚焦全球速卖通，1年时间成为女装品牌TOP3

2015年1月1日，森帛正式成立，其核心团队由4个“90后”组成。创立之后，森帛聚焦全球速卖通，精心运营一个账号：一手抓研发，通过大量的数据分析快速把握时尚潮流，指导产品层面的微设计、微创新；一手抓运营，针对客户反馈快速迭代产品，不断优化库存，提升供应链的反应速度。

2016年，在以“90后”为主的公司团队努力下，森帛成为全球速卖通平台上女装品牌排名第三的卖家。

2. 成熟期要考虑多平台、全渠道运营

对于已经从事跨境电商较长时间、在单平台运营方面表现优秀的企业，在产品品质、人才梯队、供应链能力的基础上，可以考虑多平台、全渠道运营。通过增加与客户的触点，不但有利于吸引更多的客户，获取更高的回报，还有利于打造品牌。

对于单平台运营的跨境电商企业而言，首先可以考虑多平台运营，如阿里巴巴国际站上的企业，如果产品适合消费端，可以考虑通过全球速卖通、亚马逊进行销售；而全球速卖通上的企业，可以考虑延展到亚马逊、eBay平台上。其次，对于线上销售表现较好的企业，可以考虑进军线下渠道，通过全网铺货，增加企业的曝光率，在扩大营业额的同时，提升品牌的知名度。

6.3.3 借助外部力量，降低平台实操难度

1. 合理使用代运营服务

代运营是人力密集型行业，在境内电商领域发展迅猛。代运营商业逻辑的前提是：① 1个团队可以同时运营多个企业（乃至上百个企业）的账号；② 运营成果可以量化，如通过流量指标来考评代运营公司的能力。

在跨境电商B2C领域，代运营产业发展得并不好，这是由于：①难

以量化，相较以淘宝系为代表的境内电商平台，大部分跨境电商平台弱化了“通过付费广告吸引流量”的逻辑；②投入更大，以亚马逊为代表的跨境电商平台，非常注重品质和品牌，每做好一个店铺都需要花费大量的时间、人力、精力，这不符合代运营的商业逻辑。

在跨境电商B2B领域，代运营产业发展得如火如荼。相较于跨境电商B2C领域，跨境电商B2B的整个交易流程还没有实现大规模的线上化，其代运营服务主要集中在引流环节，不涉及方案沟通、交易、物流等环节。因此，跨境电商B2B领域的代运营服务比较容易专业化、细分化，可以用1个团队解决很多企业的流量问题，同时运营成果也比较容易量化。对于缺乏跨境电商运营能力的B2B企业而言，与代运营公司合作是一个不错的选择，可以降低平台操作难度，较快实现企业跨境电商业绩的突破。

广东启橙电子商务有限公司（以下简称“启橙”）总部位于广州市，核心团队来自阿里巴巴，是华南地区最大的跨境电商B2B平台代运营公司。启橙围绕运营、技术、人才、品牌、渠道，为传统企业提供一站式解决方案。如针对阿里巴巴国际站，启橙提供企业定位、产品发布、橱窗优化、热款爆款打造等综合运营服务。截至2016年6月，启橙已经服务了800多家传统企业，帮助尚禾箱包等一大批传统制造业企业成功实现了跨境电商初步转型。

2. 积极参与专业培训

对于跨境电商企业而言（特别是初涉跨境电商的传统企业），应该积极对接专业培训机构，开展企业内训，持续进行跨境电商相关的学习。这是因为：①熟悉平台规则，是做好跨境电商的前提，通过培训可以快速提升企业的实操能力；②跨境电商正处于快速发展期，其玩法时变时新，相关工具层出不穷，增强与专业培训机构的互动，可以了解最新的资讯，并掌握相应的实操方法。

321电商学院总部位于深圳，以“专注行业、实战为王”为培训理念，专注跨境电商营销类实战技巧培训，涵括亚马逊、Wish、eBay、全球速卖通等第三方跨境平台实战技巧的培训，以账号注册、店铺开设、产品开发、平台操作、国际物流、客户服务、营销推广、数据分析等内容为主，同时辐射SEM、SEO、PPC（点击付费广告）、SNS、网站联盟、论坛推广、博客等领域。

创梦谷位于杭州，依托自身10年的跨境电商行业经验，针对目前企业转型跨境电商的实际需求开发：eBay、亚马逊、全球速卖通专题培训课程，跨境电商实操全流程课程，海外本土化营销系列课程等，以理论结合平台实战的模式，让企业能够在最短的时间内整合起必备的资源，顺利开启跨境电商项目。

延伸阅读：

1.《做跨境电商就是这么简单》：阿里巴巴团队撰写，通过一个外贸菜鸟和一个“外贸＋跨境电商老鸟”之间的一问一答的对话形式，帮助读者掌控跨境电商的实操技巧，适合传统国际贸易的从业者、跨境电商的从业者、高职院校的相关专业的学生阅读。

2.“阿里巴巴国际”公众号：阿里巴巴的自媒体频道之一，每日报道外贸、电商、营销的最新资讯。

3.“阿里巴巴外贸圈”公众号：阿里巴巴的自媒体频道之一，旨在服务外贸业务员，每日更新外贸案例、防骗技能等，旨在通过外贸干货内容提升外贸人实操能力。

4.“OYYTV”公众号：推荐分享跨境电商行业最新的资讯。

扫描二维码关注“OYYTV”　　扫描二维码关注“火蜘蛛人才服务”

5.“火蜘蛛人才服务”公众号：海量简历库覆盖全国500个城市、跨境电商100个细分领域，为招聘方和人才提供最佳的匹配推荐，解决跨境电商企业的专业人才问题。

附　录

主要跨境电商平台简介

1. 阿里巴巴

在经过近20年的发展，阿里巴巴集团通过重新构建跨境电商基础设施，打造了跨境电商领域最完善的生态圈（见图6-3）。

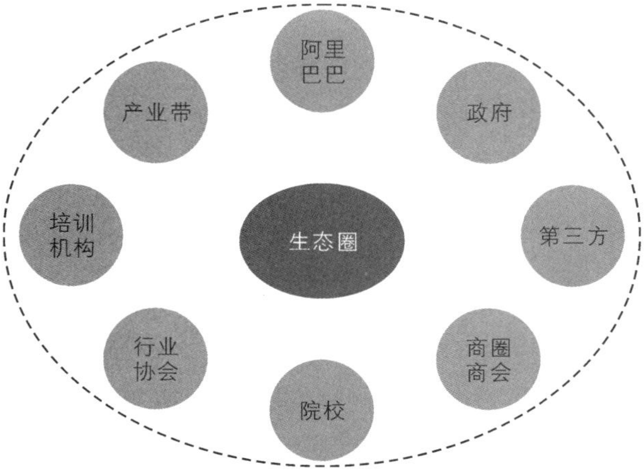

图6－3　阿里巴巴生态圈

阿里巴巴旗下直接服务于跨境电商的贸易平台主要有以下三大平台：

一是阿里巴巴国际站。阿里巴巴国际站帮助中小企业拓展国际贸易的出口营销推广服务，它基于全球领先的企业间电子商务网站阿里巴巴国际站贸易平台，通过向海外买家展示、推广供应商的企业和产品，进而获得贸易商机和订单，是出口企业拓展国际贸易的首选网络平台。

二是全球速卖通。全球速卖通是阿里巴巴旗下针对全球市场打造的在线交易平台，被广大卖家称之为国际版“淘宝”（见图6–4）。

图6－4　全球速卖通介绍图

三是Lazada。Lazada是东南亚地区最大的几家在线购物网站之一。Lazada创建于2012年，以自营起步，并逐步扩展第三方平台，目前在马来西亚、印度尼西亚、菲律宾、新加坡、泰国和越南设有站点，为当地和国际品牌、分销商提供一站式电商入口。阿里巴巴于2016年4月斥资10亿美元收购Lazada，进军东南亚市场。

2．eBay

eBay集团1995年9月成立于美国加州硅谷，是全球商务与支付行业的领先者。作为全球最大的几个在线交易平台之一，eBay在全球范围内拥有过亿活跃用户，以及8亿多件由个人或商家刊登的商品。PayPal在全球范围内服务遍及全球193个国家及地区，共支持26种货币付款交易。

为了更好地帮助中国卖家在eBay平台上进行销售，eBay成立了专业的跨境交易服务团队，提供跨境交易认证、业务咨询、疑难解答、外贸专场培训及电话培训、外贸论坛热线、洽谈物流优惠等一系列服务，帮助中国卖家顺利开展全球业务。PayPal则利用广阔的海外渠道和合作网络帮助中国企业迅速开拓全球市场，并更好地建立品牌认知和信任度。PayPal针对中国市场，着力于为中小商户提供“一站式”在线外贸解决方案，帮助解决从网店搭建、网络推广、在线支付到跨境物流等一系列难题。

3. 亚马逊

亚马逊是美国最大的一家网络电子商务公司，是网络上最早开始经营电子商务的几家公司之一，亚马逊成立于1995年，一开始只经营网络的书籍销售业务，现在则扩及了范围相当广的其他产品，已成为全球商品品种最多的网上零售商和全球第二大互联网企业。

亚马逊为卖家提供第三方售卖平台服务。基于亚马逊全球12个站点及3.05亿用户，亚马逊为卖家提供全球开店服务。卖家通过使用亚马逊开店，享受亚马逊物流、推广、运营等服务，实现将产品卖至全球。

4. Wish

Wish于2011年在美国旧金山成立，2013年正式成为跨境电商平台。Wish平台主要针对欧美国家，客户群体很广。相比于传统平台，Wish是以手机APP作为终端购买方式，Wish平台的订单量中98%是通过手机下订单，95%的成交量是通过手机完成。Wish交易模式见图6-5。

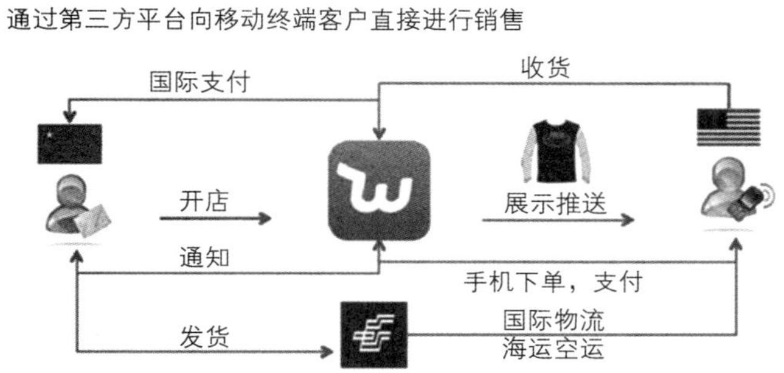

图6-5　Wish交易模式

5. 大龙网

2013年年底，大龙网提出了3BC模式，通过双招商平台模式，打通跨境电商路径，解决销售终端国家对该国C类用户销售的服务、信用、本土法务和资金等各种复杂的问题。一方面，通过对内用速卖宝对接国内的供应商；另一方面，通过对外用“约商（OSELL）”建立并联合全球的销售经纪人网络。

国内供应商可以选择在速卖宝上成为大龙网的供应商或者自主开店。供应商只需做好产品线，做好供应链资源管理，剩下的供应链管理、云库房全球仓储递送服务、跨境交易及结算实施服务、商业关系维护、运营技术开发与管理服务等业务内容都可以由速卖宝提供服务。速卖宝拥有全球1 000多家本土销售渠道、20多个海外仓、50多家物流渠道合作商及70多种支付方式，可以实现全球200多个国家和地区产品的跨境贸易网上服务、本地化货币支付及结算、跨国仓储及递送服务。同时，通过OSELL，把商品对接给国外分销渠道或消费者。

大龙网模式同时解决了跨境电商最后一公里的问题。大龙网通过OSELL，与全球各地本土电商、经销商建立合作关系。同时，大龙网在俄罗斯莫斯科、巴西圣保罗、印度新德里、加拿大蒙特利尔、澳大利亚堪培拉、印度尼西亚雅加达、柬埔寨金边、波兰华沙、迪拜、沙特阿拉伯等地设立了海外本土化服务办公室及中国品牌样品体验中心（网贸馆），用线上线下结合的方式链接全世界的产业带城市与贸易中心城市，让全世界采购商足不出户便可以向中国工厂直采。

6. 敦煌网

2004年敦煌网成立，是国内首个为中小企业提供B2B网上交易的网站。采取佣金制，免注册费，只在买卖双方交易成功后向买家收取费用。

2015年8月，杭州经济技术开发区管委会与敦煌网签订项目投资协议书，将在开发区投资建设“敦煌网跨境外贸综合3.0平台”项目，5年内将实现服务外贸企业超过2 000家。

同时，敦煌网以落地方式，在北美、欧洲、俄罗斯等市场，逐渐组建线下买家服务团队；同时，以现有的经营方式以及深入货源的网货运营模式，用O2O（线上到线下）模式进行全球买家的拓展。

在对小微企业的支持上，敦煌网与多家银行进行合作。在贷款申请方面，将基于企业在敦煌网上的交易历史记录，对中小型企业进行风险评估，企业申请贷款额度也会根据自身状况而不同。其申请最高额度为50万至500万美元。同时与P2P（互联网金融点对点借贷）平台拍拍贷和人人贷合作，开展互联网金融业务。

移动端作为敦煌网战略布局重心之一，截至2014年6月，敦煌网移动端访问量占全平台访问量的42%，交易量比2013年同期增长200%。与2013年同期相比，2014年6月敦煌网移动端订单数增长215%，新注册的真实买家增长248%，活跃买家增长220%。

7. 其他

（1）Cdiscount，法国以低价批发形式为主的电商平台，包括日常生活用品、食品、电子产品、家用电器、婴幼儿用品、箱包、玩具、家居等类别。2015年正式对中国卖家招商（见图6-6）。

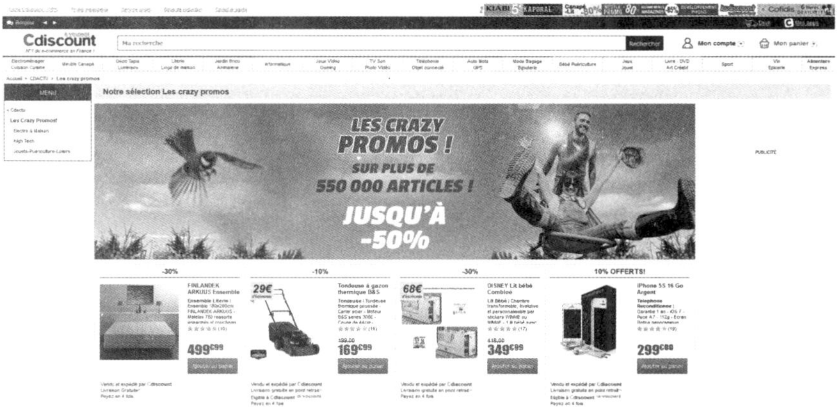

图6－6　法国Cdiscount主页

（2）美国新蛋网（Newegg Inc.）成立于2001年，其所属的Newegg.com以电脑及消费类电子产品为专攻方向，赢得广大网购用户的喜爱，同时被《福布斯》与《电脑导购》（*Computer Shopper*）等多家权威媒体评选为最佳购物网站，并在PriceGrabber.com的五星客户满意度评选中获得4.5星的高度荣誉。为美国第二大B2C电商平台，全美客户满意度第一的电商平台（见图6–7）。

图6－7　美国新蛋网主页

（3）乐天是日本排名第一的互联网购物中心，拥有超过10 000家来自日本各地的在线专卖店，产品销往全世界170多个国家和地区（见图6–8）。

图6－8　乐天网站主页

（4）环球资源是一家领先业界的多渠道B2B媒体公司，致力于促进大中华地区的对外贸易。公司的核心业务是通过一系列英文媒体，包括环球资源网站（GlobalSources.com）、贸易展览会、杂志及手机应用程序，促进亚洲与全球各国的贸易往来。环球资源于2000年在美国纳斯达克股票市场公开上市（见图6–9）。

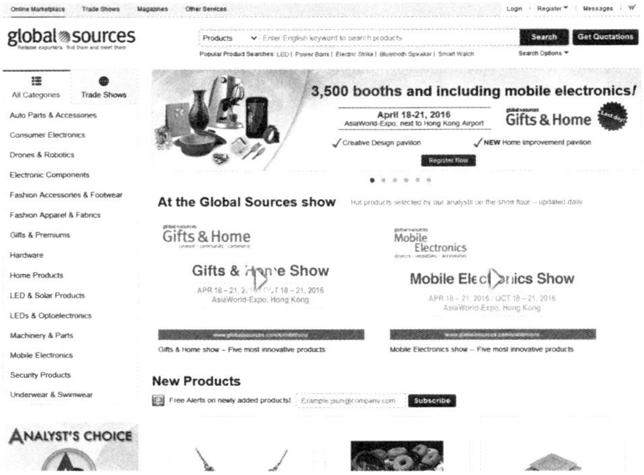

图6－9　环球资源主页

（5）世界工厂网于2009年2月1日上线，截至目前，世界工厂网已经成长成为服务数百万位采购经理的大型工业品电商采购服务平台（见图6-10）。

图6－10　世界工厂网主页

第七章　政府监管与服务

要点提示

1. 跨境电商的发展离不开政府部门的支持，未来政府将以出口业态为主，秉持“B端要推，C端要管”的态度，以问题为导向，利用大数据等现代化科技手段，推动跨境电商快速、健康的发展。
2. 跨境电商产业园是政府推动跨境电商发展的重要抓手，入驻产业园区，企业可以第一时间享受到政策红利，在大量收获跨境电商周边资源的同时，建立起相互支持、共同前进的圈子。

跨境电商离不开政府的监管与服务。

由于跨境电商交易双方所处的国家或地区不同，其交易行为会触发进出口的发生，从而涉及海关、商检、税务、外汇管理等政府部门的监管。逃避政府监管的跨境电商活动，长远来看会存在极高的法律风险；政府的监管与服务如果不能适应跨境电商规范发展的需求，会极大地降低贸易效率，增加企业成本。

因此，对于从事跨境电商的企业而言，基于安全性和长远利益的考虑，一定要积极与监管部门对接，吃透政策，规范发展，享受政策红利。

7.1 政策方向及监管模式解读

发展跨境电商，对于转变外贸发展方式，扩大全球贸易市场份额，重塑国际贸易规则等方面具有重要而深远的意义。

短期来看，中国外贸正处于最艰难的时刻，中国制造也到达了转型升级的关键时期，跨境电商成为国家推动外贸发展，提升中小企业竞争力，增加就业的重要手段。长远来看，跨境电商的发展将影响互联网时代的网络贸易规则，帮助中国建立新规则体系下的贸易主导权，并推动人民币的国际化。

国家发展和改革委员会“十三五”规划预研课题“中国信息经济发展趋势与策略选择”中，针对跨境电商提出：利用第三方跨境电商平台，力争2020年使中国成为全球在线贸易枢纽，并主导建立与之相适应的“互联网WTO”国际规则，占领互联网时代国际贸易格局的主导权。

虽然预研课题代表的更多是学术界的态度，但我们从国务院的关注程度、综试区的改革速度上可以看到，在推动跨境电商的发展方面，国家是不遗余力的，未来将会有更多的政策、法规、服务落到实处。

7.1.1 发展跨境电商出口业态是政府的重中之重

跨境电商进口业态的发展，帮助中国消费者实现了“足不出户、购遍全球”，坐在家里就可以通过手机买到国外的优质产品。同时，跨境电商进口业态的快速发展，也带动了电商平台、物流、贸易等相关产业的快速发展，推动了就业和创业。

但是，从国家经济的宏观视角来看：

（1）跨境电商进口业态无法带动国内实体产业的发展；

（2）如果在扩大跨境电商进口方面的节奏把控不好，消费替代效应还会严重地影响国内产品的销售，从而对中国企业造成短期内难以克服的压力；

（3）跨境电商进口业态对国内实体经济的打压，有可能引起部分企业效益的下降，从而影响部分消费者的购买力。

以上这些不是普通大众在享受跨境电商带来的便利时会去关注的问题，但政府必须综合考虑中国经济的承受能力。大力发展跨境电商，既要考虑民生需求，也要考虑经济发展，这是中国对外贸易追求平衡、协调和可持续发展的需要。

2016年3月，国家颁布针对跨境电商进口业态的新政，将对零售进口商品按照货物进行征税，同时行邮税也将进行相应调整。新政的颁布，意味着国家对跨境电商进口业态的规范态度是明确和坚定的。

为了创造与供给侧改革相适应的商品供给市场环境，监管部门应该会进一步完善跨境电商进口业态的规范措施，不会容许国外商品利用跨境电商的便利渠道全品类大量涌入国内市场。

在当下非常严峻的外贸形势之下，大力推动跨境电商出口业态的发展，发挥出口对经济增长的促进作用，更有利于提振经济、推动出口、扩大就业。从政府监管与服务的角度看，跨境电商B2B出口业态所需的制度建设牵涉的面更大，并能完整适用于跨境电商其他业态需要，所以可以从抓跨境电商B2B出口业态为政府监管与服务的工作重点。

7.1.2 “B端要推，C端要管”

对于政府而言，跨境电商出口业态发展的主体是明确的：B2B是主体，B2C是补充。这是由于：

（1）跨境电商B2B领域体量大、覆盖广，占据了我国跨境电商出口业态的大头。据艾瑞咨询估计，2012年跨境电商交易额中的95%以上都是跨境电商B2B交易。

（2）跨境电商B2B领域的监管模式更成熟，监管成本更低。在跨境电商B2B贸易中，一批货物品类较为单一，一次报关即可完成；而跨境电商B2C贸易具有“小而散、小而杂”的特点，很多商品往往以快递、小包等方式运输，通关和商检覆盖的难度较大。在当前的监管模式下，大量的小卖家无法有效完成退税。

因此，推动跨境电商出口的发展时，政府主要秉承了“B端要推，C端要管”的原则。即一方面大力推动跨境电商B2B出口业态的发展，引导和帮助传统外贸企业和制造业企业转型升级；另一方面以开放的态度对待跨境电商B2C出口业态，通过建立“单一窗口”，大力推动B2B2C（海外仓）模式等手段，逐步地将跨境电商B2C业态合规化、阳光化。

2015年10月，汪洋副总理调研杭州综试区，明确提出：综合试验区从B2C小额跨境电商起步，但发展B2B大额跨境电商才是真正的重头戏。跨境电子商务首先应该是促进产业发展的跨境电子商务，要以跨境电子商务B2B为重点，进一步明确跨境电子商务发展模式。

2016年3月，杭州综试区出台《深化跨境电子商务B2B专项行动工作方案》，提出：① 开展制度创新，再造一套适应跨境电商B2B发展的制度管理体系；② 实施重点对接，对300家重点企业给予包括主动上门对接、协调调配资源、帮助企业开展“互联网基因”改造等重点支持；③ 推广信用保障体系，联合阿里巴巴建立跨境电商信用保障专项资金，帮助外贸企业建立网上信用体系；④ 提升园区综合服务，线上、线下同时发力，助推企业发展；⑤ 加快生态圈建设，通过建立行业组织、深化人才培养、探索圈内合作的方式，赋能中小企业，提升产业聚集发展；⑥ 开展跨境电商品牌培育，实施2016～2018年跨境电商品牌培育三年行动计划；⑦加强产业扶持，充分发挥政策扶持的引导作用，通过安排专项资金等措施，促进跨境电商产业发展。

7.1.3 以问题为导向，从审批型政府到服务型政府

国内电商近15年来的快速发展，是建立在相对宽松的政策环境下成长的。而跨境电商的发展，却一直是处于被严格监管的政策环境下。近年来，跨境电商的快速发展要求政府的监管与服务跟上步伐，这对政

府从审批型职能向服务型职能转变形成了“倒逼机制”。

跨境电商的出现是由企业来主导的市场行为。在跨境电商的发展过程中，政府的主要职责是制度安排，形成与跨境电商相适应的管理服务模式。因此，在跨境电商领域，政府必须向服务型转变，基于市场、基于企业、基于交易双方，让企业冲在前面。

在向服务型政府转变的过程中，杭州综试区“企业先行，问题导向，动态解决”的探索经验具有代表意义，可以看作是政府推动跨境电商健康、快速发展的核心思路。

（1）“企业先行”：传统的国际贸易是政府先行，先有国与国之间的贸易规则，再有企业之间的国际贸易。原来的国际贸易格局由美日欧主导，定价权由全球500强巨型企业掌握。未来，依托跨境电商崛起的中国中小企业，将影响全球贸易的格局，从底层打破不利于全球贸易发展的格局和规则。因此，政府必须转变职能，把市场交给平台，让企业冲在前面。

（2）“问题导向”：跨境电商是一个新兴事物，现阶段尚处在幼年时期，将以前所未有的速度和无法预知的方式进行演变。这将导致各国与之相关的监管制度和监管方式都存在滞后，政府在制度的安排上缺乏参照系，每天面临的都是新问题。所以，政府只有以企业的需求为出发点、以实际问题为根本导向，才可能构建出与跨境电商相适宜的管理服务模式。

（3）“动态解决”：面对跨境电商全球化、即时化、信息化的特点，快速演变的现状，政府必须提升决策能力、勇于承担，运用信息化、大数据的手段，化解时变时新的跨境电商难题。

浙江省外汇管理局的探索

跨境电商产业链中，以一达通为代表的综合服务类平台为中小出口企业提供包括通关、外汇、退税的一站式服务。按照我国“谁出口、谁收汇”等传统管理制度，出口数据被落实在综合服务类平台，由其完成收汇手续。

然而，出口企业往往有收汇的需求，所以这样的监管规则对出口企业产生了较大的影响，降低了企业的运行效率。

基于企业的收汇问题，浙江省外汇管理局积极向上汇报，由国家外汇管理局出面批复了“促进便利化的八条新政”，突破了现有货物贸易项下“谁出口、谁收汇”的管理要求，明确规定在贸易真实、数据明晰的前提下，经杭州综试区“单一窗口”综合服务平台注册的综合服务企业代理出口的电商企业或个人报备外汇局后可自行收汇。

7.1.4　运用信息化手段，提升监管效率，增强服务能力

跨境电商的发展过程中，复杂性的特征日益突出，对于政府而言，无法比照工业时代机械的、线性的、确定的、控制式的、二元论的世界观和思维方式进行治理。

在跨境电商时代，从IT到DT（数据技术），数据成为核心资源和新的生产资料。政府将以“三流合一”（信息流、资金流、物流）为基

础，通过监管部门、地方政府、金融机构、电商企业、物流企业之间的信息互联互通，实现：①“实时监管＋在线监管＋负面清单”的管理模式，提升监管效率；②与跨境电商平台等企业合作，为出口企业提供一站式的综合服务。

在管理手段数据化的过程中，杭州综试区走在全国的前列，对理解各地监管手段的变化有着极其重要的参考意义。

杭州综试区“单一窗口”综合服务平台介绍

杭州综试区“单一窗口”综合服务平台（见图7-1）是跨境电商综试区的数据交换枢纽和综合管理服务平台，具有政务服务和商务服务双重功能。

图7－1　杭州综试区“单一窗口”综合服务平台示意图

通过杭州综试区“单一窗口”进行申报的企业，具有以下优势：

1. 提升通关效率

企业通过“单一窗口”平台，即可完成报关、报检、退税及申报通关状态查询工作，无须分别进入各监管部门的线上或线下平台进行申报，做到“一次申报、一次查验、一次放行”，从而提升通关效率。

2. 减轻企业申报负担

“单一窗口”平台允许企业使用内部信息系统，通过互联网接口将单个订单信息或批量订单信息直接传输，“单一窗口”平台根据订单信息生成报关申报信息，报关行补充录入部分信息即可完成申报，大大减少了手工录入工作，提高了企业的申报效率。

3. 全程无纸化报关报检

企业通过数据传输以及网页确认的方式，在“单一窗口”平台实现报关、报检、退税，彻底摆脱了传统纸质单证申报的烦琐程序。

4. 一站式综合服务

通过联结金融机构、保险、物流、跨境电商平台、外贸综合服务商等，政府为跨境电商企业提供收结汇、融资贷款、退税、物流、信用评价、风险预警、数据分析和交易双方风险保障等一站式综合服务。

跨境电商B2B出口业务流程见图7－2。

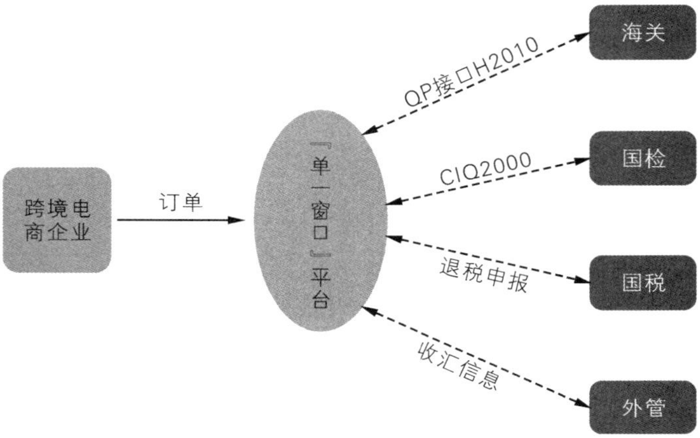

图7－2　跨境电商B2B出口业务流程图

7.2　跨境电商园区的发展及作用

作为单个企业（特别是广大的中小企业群体），在初涉跨境电商的时候，往往缺乏了解最新政策、模式、工具的渠道，缺乏整合各类跨境电商周边资源的能力。

政府主导建立的跨境电商园区，通过聚集平台企业、外贸综合服务商、专业人才、专业服务等跨境电商相关资源，可以帮助跨境电商出口企业低门槛、低成本、高效率、快速地融入跨境电商。具体来说，入驻跨境电商园区的好处如下。

7.2.1　享受第一时间的政策红利

当下，与跨境电商相关的政策层出不穷，监管方式持续改善，政府资源不断开放。对于企业而言，与政府保持良好的互动，最大化利用政府所提供的资源，是做好跨境电商的必要条件。

各地在推动跨境电商发展的过程中，一般会在政策供给、监管创新、开放资源三方面重点突破，让企业获得更好的政府服务。

1. 政策供给

围绕跨境电商的发展需求，各地都在尝试打造适应跨境电商发展的制度管理体系，在平台交易、报关报检、退税结汇、金融支付、信用保障等方面都会有所探索。入驻跨境电商园区，企业可以第一时间内掌握相关政策信息。

2015年，山东省财政落实资金3 000万元为当地外贸企业建立风险保障池，在阿里巴巴“信用保障体系”的基础上，当地每家外贸企业可以提升信保额度3万～15万元，提升了当地企业在电商经营方面的竞争优势。

2016年，杭州综试区推出300家重点企业对接计划。对于未上线的企业，将通过政府主动上门对接，帮助企业走通跨境电商出口流程；对已上线经营的企业，将通过协调配置相关资源，帮助企业提升线上实绩。同时，在一定条件下，针对上线的杭州中小企业，杭州综试区还提供出口补贴、页面重要位置广告位、订单推送、金融贷款免息低息、开通专区等线上扶持。

2. 监管创新

针对企业在跨境电商中所遇到的一系列问题，各地都在积极构建相关的服务平台，致力于为企业提供便捷高效的公共服务。入驻跨境电商园区，企业可以更便捷地使用这些服务，从而提升效率。

杭州下城区跨贸园区立足服务，吸引企业、留住企业、培育企业，打造了跨境电商一站式服务平台：①海关和检验检疫等监管部门进驻园区办公提供一站式政务服务；②引进全省大数据通关信息化枢纽浙江省电子口岸公司，为入园企业提供大数据通关服务；③园区具备进出口监管场所，可进行快捷转关通关。

2016年，杭州综试区以现有下城、下沙、空港、杭州海关驻邮办等货物通关平台为基础，将新布局一批线下公共通关平台，为杭州综试区跨境电商货物进出口提供更加便捷的通关查验服务。

3. 开放资源

为推动跨境电商的全面发展，各地将通过政策扶持的手段，拓展和共享一些跨境电商相关的资源。

杭州综试区充分利用国际友好城市和跨境电商龙头企业等的资源优势，从推进沿线国家（地区）城市与城市的合作入手，与企业一同走出去寻求跨境电商的机会，建立“网上丝绸之路”城市联盟和产业联盟。

杭州综试区基于跨境电商出口和传统贸易出口市场结构情况，结合国家“一带一路”战略布局，在“一带一路”沿线国家和地区等跨境电商出口主要市场和潜力市场，认定和布局一批公共海外仓平台，给予政策扶持，为杭州综试区内企业提供市场化的海外仓储、分拣、配送、售后等服务。

7.2.2 收获大量的跨境电商专业资源

初涉跨境电商的企业，一般说来都缺少跨境电商的专业资源，入驻政府主导的跨境电商园区，可以低成本、高效率地联结大量跨境电商专业资源（见图7－3）。

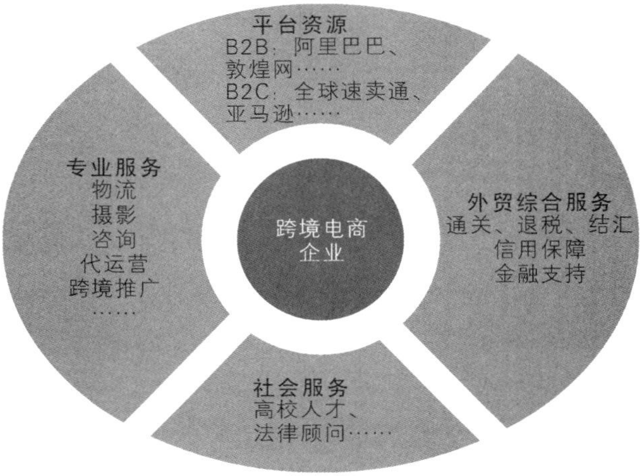

图7－3　跨境电商园区中潜在的资源

杭州综试区以跨境电商产业园区为重点，推动各个政府部门齐心协力，整合资源，广泛聚集企业、人才、资本等要素，形成优质的跨境电商资源要素保障体系：①鼓励外贸综合服务商的发展，为中小企业提供金融、通关、物流、退税、外汇等环节的一体化服务；②通过支持本土商贸物流企业、引进国际大型物流货代公司，加强杭州国际物流货运保障；③鼓励采购、第三方平台、摄影、代运营、创意、推广、培训等跨境电商相关产业的发展，增强产业园区对跨境电商企业的黏性和价值。

临安市龙上包装材料有限公司（以下简称“龙上”）主要从事鲜花包装、婚庆装饰、礼品包装材料的生产和销售，主要通过展会的方式做出口业务。2015年，包装行业的价格战开打，龙上无奈之下开始转型。2015年8月，龙上入驻临安市跨境电商园区，享受到了诸多优惠：① 园区吸引了很多外贸流程服务商，使得企业的通关、退税、结汇更加简单，门槛更低；② 园区有邮政设点，通过园区组织的企业联盟，大大提高投递效率的同时还得到了更多的物流折扣；③ 园区吸引了321电商学院等跨境电商专业力量，可以为企业提供相关的人力资源服务。2015年，龙上营业额突破4 000万元人民币，在包装材料行业内名列前茅。

7.2.3　共建一个学习互助人脉圈

跨境电商是一个新生事物，政府的监管、平台的规则、企业的商业模式都在快速变化中，这意味着任何企业的跨境电商之路都不平坦，充满了危机与坎坷。因此，企业与企业之间的互帮互助、共同成长变得非常重要，而依托于跨境电商园区，构建这样的人脉圈变得相对容易。

在跨境电商园区，有学习互助的氛围，企业不但可以获得实战的、第一手的教训和感悟，还可以收获“向前冲”的信心。

2015年8月，临安市跨境电商园区正式成立。成立之初，入驻园区的大部分企业对跨境电商都是一知半解，但在政府引导下，截至2016年3月，园区内所有企业都已经上线跨境电商，并在理念、人才等方面实现了较大的突破：

（1）临安园区充分发挥社会化资源，在传统外贸协会的基础上，成立临安市跨境电商协会，广泛吸纳企业会员，短短2个月时间即发展200多家会员。会员企业之间互帮互助、一起前进、共同面对，极大地提升了每个企业的跨境电商能力。

（2）临安园区打造B2B、B2C商学院，这是由临安市商务局牵头，协会具体负责操作事项，联合阿里巴巴第三方平台、浙江农林大学等高校资源，在跨境园区落地的项目。具体做法是由园区提供联合办公的场地，高校提供人才输送，阿里巴巴临安跨境电商服务中心整合平台资源，协会联系发动跨境电商企业，通过集约式的办公、管理、培训、服务等综合体系，帮助当地外贸企业解决了人才的招、管、用、留、育等多难问题。

延伸阅读:

“中国跨境电商综合试验区”公众号:中国(杭州)跨境电子商务综合试验区的自媒体频道,汇集了杭州综试区最新的动态。

扫描二维码关注“中国跨境电商综合试验区”

附　录

杭州综试区下辖各园区情况简介

目前，杭州综试区已构建了较为完整的产业链和生态圈，完善了园区综合配套服务和生态系统，为跨境电商的发展创造了良好的条件。其中，下城、下沙、空港、临安、余杭、江干、萧山、富阳、邮政速递等园区错位发展、各显优势、协同并进，吸引了敦煌网、大龙网、京东跨悦等跨境电商龙头企业落户。

下城园区以“跨贸小镇”为特色，推进“产城融合”。截至2015年年底，小镇共引进企业110余家，包括孤品网络、环宇、天猫国际、Costco（好市多）、顺丰海淘、融易通、点库等企业。截至2015年11月，下城园区出口包裹数达到5 329.51万个、价值21.7亿元；进口个人包裹186.1万个，价值2.56亿元。

下沙园区是全国首个进口业务全覆盖园区。2015年，园区内已形成了较为完备的电商生态体系，入驻企业124家，包括天猫国际在内的20

个平台电商，银泰网、费舍尔等在内的10个垂直电商和20家电商服务企业。2015年前4个月，下沙园区实现进口业务132万单，交易金额3.01亿元。

空港园区正在打造“跨境电商现代物流中心”。截至2015年年底，园区入驻企业300余家，京东全球购、顺丰海淘、洋码头等企业均已在园区落地。截至2015年9月，空港园区已完成单量50万余单，货值1亿元，在园区备案商品的SKU数已接近9 000个，日单量峰值突破2.5万单。

临安园区以跨境B2B为主，着力打造辐射浙西北最重要的跨境电商载体。2015年，园区聚集企业60余家，入住率超过95%。截至2015年10月，园区内企业实现出口9.97亿元。受园区引擎带动，临安跨境电商企业出口29.21亿元，占总出口量的16.36%。2016年8月底，临安园区1.9万平方米的二期园区将正式开业。

余杭园区将形成“一区三核，辐射全区”的格局，推动传统外贸企业开展跨境电商。截至2015年年底，余杭有跨境电商业务企业近500家，其中开展跨境电商B2B业务的外贸企业417家。截至2015年12月，实现跨境电商销售额11.66亿元。

江干园区突出产业优势和区位优势，建设跨境电商总部、金融和人才培训中心。截至2015年，江干园区已与浙江省商务研究院、浙江工商大学、浙江大学城市学院、浙江清华长三角研究院杭州分院、赢动教育等高校和培训机构达成合作。截至2015年10月，江干园区共招引培育跨境电商上线经营企业72家，累计完成跨境出口额2 926万美元。

萧山园区充分发挥自身空港优势、产业优势和平台优势等综合优势，积极推动以B2B大贸[①]为重点的园区发展之路。立足萧山外贸发展实际，萧山园区积极开发建设开发区产业园（26万平方米）和新塘产业园（2万平方米）。开发区产业园正式开园不足一个月，已有包括大龙网华东区总部在内的38家跨境电商运营公司和服务平台签约，签约企业总投资额1.1亿元，年度进出口交易额近3亿美元，总单量达110万单。截至2015年年底，萧山园区已引进企业108家。

富阳园区按照“一园多区、核心启动、分期推进、辐射带动”的总体思路，依托本地区位条件、交通网络、产业基础等优势，大力推进传统贸易产业转型升级、新兴业态产业创业创新，以及跨境电商产业链企业招强引优。2016年1月开园以来，已入驻跨境电商产业链企业95家，从业人数达2 100余人。富阳园区总规划面积11.3平方公里，其中银湖新区产业园3.8平方公里，建筑面积20万平方米；东洲新区产业园7.5平方公里，建筑面积12.4万平方米。

邮政速递产业园以自身场地为基础，整合自身互换局资源、监管单位现场查验优势以及融易通跨境电子商务综合服务优势等多方优势资源，辐射周边地块，建设打造成以邮政为主导，面向跨境出口电商的集商务服务、物流服务、技术服务、金融服务和邮政功能为一体的跨境电子商务综合服务平台。目前，邮政速递产业园已经引进北京德凯翔商贸、昆山杰特曼贸易等公司，预计2016年出口15万件。

①在整个进出口贸易中，B2B的外贸生意又被称为“大贸”。

西湖园区目前入驻企业67家，从业人数达1 300人。园区企业和个人主要依托本地外贸出口产品，通过B2B、B2C、C2C等多种模式开展跨境电子商务业务，产品涉及化工、五金、服装、家纺、汽配、照明、工艺礼品、仪器仪表等20多个优势产品。

第八章　信用保障[1]

要点提示

1. 缺乏信任是制约跨境电商（特别是跨境电商B2B）发展的核心问题，阿里巴巴依托大数据，变革性地推出了信用保障体系，有效地解决了跨境电商交易双方的信用问题。
2. 跨境电商企业通过信用保障体系，在解决信用问题的基础上，还可以增加客户数量，提升交易效率，放宽交易条件。同时，相较大型企业，信保将对中小企业产生更大的价值。

跨境电商B2C领域，以亚马逊、eBay、全球速卖通为代表，在线上闭环、数据沉淀的基础上，各自以平台背书，通过Amazon Payments、PayPal、国际支付宝等工具，保证了资金安全，解决了交易双方的信任问题。

长期以来，在跨境电商B2B领域，线上只承担了信息展示功能，没有形成交易闭环，缺乏反映企业真实情况的数据。基于此，交易双方往

①本书所写的阿里信保的功能、流程、数据等内容，有效期截止到2016年8月。

往需要通过长时间的沟通、谈判、试单、验厂等环节来达成信任。

阿里巴巴数据显示，每年在阿里巴巴国际站上有200亿美元因为信任问题无法达成，有64.1%的供应商在订单达成环节遇到过买家的信任问题，因为信任问题中国供货商每年会平均失去4.7个订单，每个订单平均金额3.7万美元。

阿里巴巴全面收购一达通，标志着跨境电商B2B领域的交易闭环形成，企业订单、资金、物流相关的数据可以在线上沉淀，意味着交易双方的真实情况可以被呈现出来，长久以来困扰国际贸易的信任问题有了被解决的基础。

2014年年底，阿里巴巴国际站正式从信息展示向交易平台进行转型，基于信任问题，推出了“信用保障体系”（英文简称“TA”，本书以下简称“信保”）。目前，在跨境电商B2B领域，信保是唯一一个基于线上闭环沉淀的数据，为交易双方提供信用保障服务的工具。因此，本章主要介绍信保。

8.1 信保的定义

8.1.1 信保的原理

阿里巴巴根据每家中小企业在阿里巴巴国际站上的基本资信、历史交易数据、其他综合信息，为其授予相应的信用标示和保障额度（最高为100万美元)，用来为海外卖家提供采购合约保障。信保额度来源见图8－1。

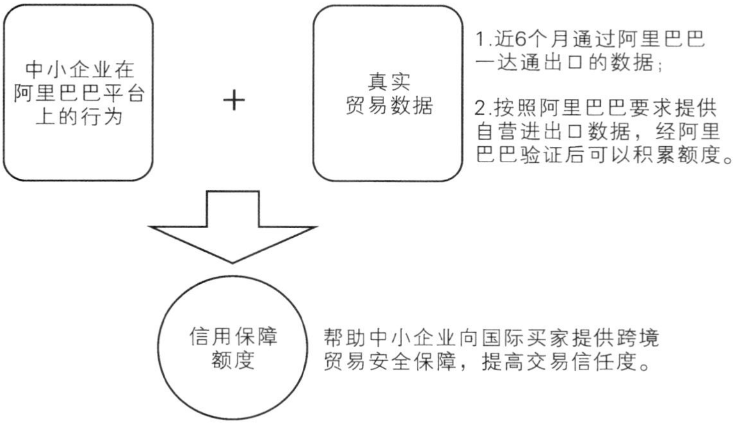

图8－1　信用保障额度来源示意图

信保是第一个基于互联网的国际贸易B2B交易规则，为中国出口企业打造了类似于淘宝的"星钻冠"信用体系，同时还针对海外买家推出了"你敢用，我敢赔"的保障。信保的出现一举打破了多年来一直制约跨境电商发展的瓶颈——信用问题。

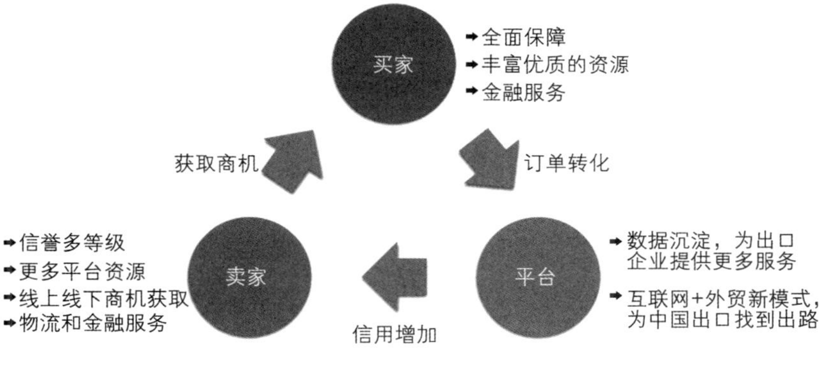

图8－2　信保对不同参与者的不同价值

与此同时，在阿里巴巴一达通外贸数据的基础上，信保不但掌握了真实的交易数据，还通过增加买卖双方的信任程度，促进了更多的交易，从而形成良性循环，使买家、卖家、平台三方都获得了巨大的价值（见图8－2）。

8.1.2　信保的流程

在信保的基础上，交易过程需要整体实现互联网化，这就需要实现一个完整的流程，具体如图8－3所示。

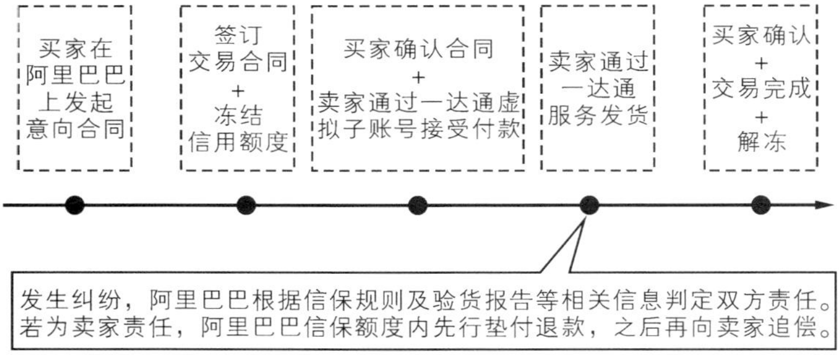

图8－3　基于信保的跨境电商交易流程

（1）发起合同：买家在阿里巴巴上发起意向合同。

（2）签订交易合同：在卖家签订交易合同后，根据其交易金额冻结卖家的相应信用额度。

（3）买家确认合同后，需要进行款项支付。在这个环节，阿里巴巴一达通为卖家设置了虚拟子账号来接受付款：

①订单支持T/T（电汇）和VISA信用卡付款；

②信用卡支付可直接线上操作付款成功；

③T/T付款需买家在网银端等支付到该指定账号；

④尾款也需要支付到该账号，否则订单无法继续；

⑤款项到账后，到一达通资金账户提款。

（4）卖家发货：卖家通过一达通发货：

①信用保障订单通过一达通提供出口服务，支持多种出口方式，包括通关、外汇、退税（可选）等，部分产品可由供应商自行安排报关出口；

②若每月要发多笔快递订单，则走分送集报方式，分批发货，月底集中一次报关。

（5）买家确认收货及评价：

①收到货物，买家觉得没有任何问题，确认收货，也可以提交评价；

②如果收到货买家觉得有问题，可以提交纠纷，在买卖双方协商不一致的情况下，阿里巴巴会根据验货报告公正判定责任方；

③如果买家一直未确认，订单将根据不同运输方式自动完结订单。

8.1.3　信保的发展状况

信保正式推出以来，发展速度很快，市场反响很大。2016年3月，阿里巴巴公布了信保一年多来的发展状况：

2015年，阿里巴巴给供应商的信用保障金额超过30多亿美元。全球买家通过信用保障服务共下了120多万个订单。其中，最大的订单来自日本，订单金额达到5 600多万美元，大约折合人民币3.6亿元。

在2015年用信保交易的客户中，增加了15%全新的海外买家（见图8－4）。从下单数量的角度来看，2015年，海外买家下单数最近6个月增长率21%，而通过信用保障成交的外贸订单数最近6个月增长率达到51%。

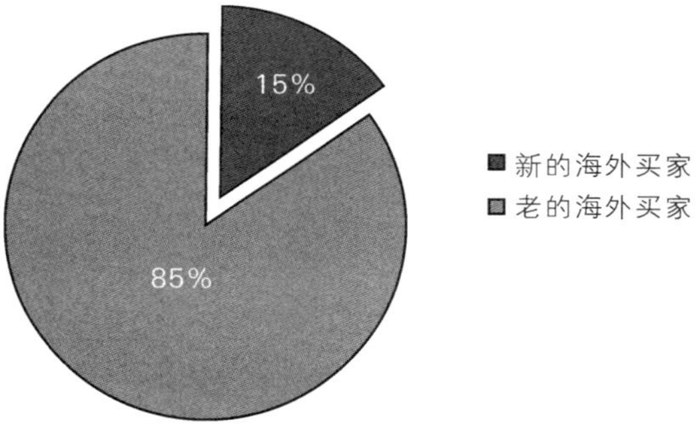

图8－4　2015年使用信保的新老买家比例

截至2016年3月，开通信保服务的供应商已超过10万家，最高信用保障额度的企业达到64万美元，为来自广州的一家电子音响公司。数据显示，开通信保后相比开通信保前供应商询盘平均增长14%。

8.2　信保对企业的价值

苏州宏茂进出口贸易有限公司主营五金产品，2016年3月开始使用信保，信保客户大多来自阿里询盘，截至2016年8月中旬已走信保30单以上，累计信保成交金额近70万美金，信保额度达21万美金，成功入围阿里巴巴9月采购节“信保之星”活动。公司总经理施祖培认为，信保对企业跨进电商业务带来了全方位的提升：

信保对于客户来说是一种真正金钱意义上的保障，我相信没有一位商人不喜欢这种保障。

开始我们走信保并不是一帆风顺。平常我们都是把询盘引到线下与客户交流，最终采用线下交易，走信保就意味着我们又要回到线上进行一系列操作了，所以客户觉得麻烦，都不愿意用信保。于是我们从新客户入手，跟他们进行线上交流。

阿里也给了我们一大助力，2016年3月，阿里举办了采购季活动，很多客户通过阿里的宣传了解了信保，开始主动要求走信保。那个时候每天一打开询盘，看到的大多数都是买家起草好的信保订单，等着我们确认，搞得我们也是一头雾水。当时我们对信保也还不熟悉，有很多单子我们都耽误了，没有把信保用起来。但是我们突然意识到，现在已经是信保的时代了，所以在2016年4月初，我们开始了真正意义上的数据累计。虽然最开始的信保订单多数是小单子，但是当时我们想应该先积累一些交易数据，只有前期积累，后期才能得到提升。

我们的信保客户大多数来自阿里询盘，我们会把信保与一达通对客户的保障给客户说清楚，也会把信保交易及评价截图发给客户，让他更信任我们。也有部分客户是我们的业务员线下开发来的，在付款前，我们会跟这些客户说，基于第一次合作，为了让他的利益能够得到一定的保障，我们提议走信保。而且我们会直接把已经起草好的信保订单的链接发过去，让客户直接确认就好。

2016年1月初，我们接触到一位来自德国的大客户，他是业务员线下开发来的。其实这位客户之前在中国已有合作了两年的供应商，但是因为支付方式及交期的原因，开始另寻供应商。我们的业务员花了快半年的时间一直在追这个客户，期间也给他寄过样。虽然客户对我们的质量挺满意，但是一直都没有松口要下单。其实他在与我们洽谈的同时也在跟别的公司洽谈，与之前的供应商合作也并没有中断。

最后，为了能拿下这个客户，我们给他的支付方式是30%预付款及70%见提单副本七天内付款，他才开始有些松口，但最终还是没有明确什么时间给我们下单。

转机发生在6月，当时我们的信保订单已经走了有20单，信保额度在同行中也比较靠前，所以我们的业务员又开始新一轮的推销，给客户发了一封邮件。邮件里是一些我们与客户的交易截图以及我们的信保额度的截图，又注明我们的平台已经有10年了，并给客户普及了一下关于信保的信息，特别突出信保对于他们的保障，还有走一达通对交期的保障。这些都让客户觉得我们更专业。就在我们的业务员发完这封邮件以后3天，客户正式下单了，现在我们已经在洽谈第二笔订单了。信保数据的积累增加了客户对我们的信任度！

信保的出现，极大地提升了跨境电商的贸易效率。买家无须信任卖家，只要信任阿里巴巴即可，一旦出现问题，买家已经支付的货款可以收回，因此买家可以打消顾虑，免去了实地见面和验货验厂的流程，既保障了资金安全又提升了贸易效率。

8.2.1　增加客户数量

传统的国际贸易模式下，信任是横亘在交易双方之间的一道壁垒，对于缺乏辨别能力的买家（主要是中小买家）而言，直接从海外进行采购并不现实。信保的出现，意味着阿里巴巴作为中间担保人为买家保驾护航，极大地提升了国际中小买家的直接采购意愿，增加了跨境电商的客户数量。阿里巴巴数据显示，截至2016年年初，在阿里巴巴国际站中，小于1年外贸经验的跨境买家占平台买家总数的49%。

2015年1月，在阿里巴巴橙功营的影响下，扬州市晨美旅游用品公司（以下简称“晨美公司”）开始尝试使用信保。仅仅2个月之后，晨美公司就顺利成交了第一笔信保订单。截至2016年3月，晨美公司在阿里巴巴国际站上的询盘数量突破了300条，并呈快速增长态势（见图8－5）；同时进入深入沟通阶段的客户有5个左右，相较传统国际贸易下，客户质量有较大的提升。2016年，这个只有10个人的小工厂晨美公司预计跨境电商销售额将达到500万美元。

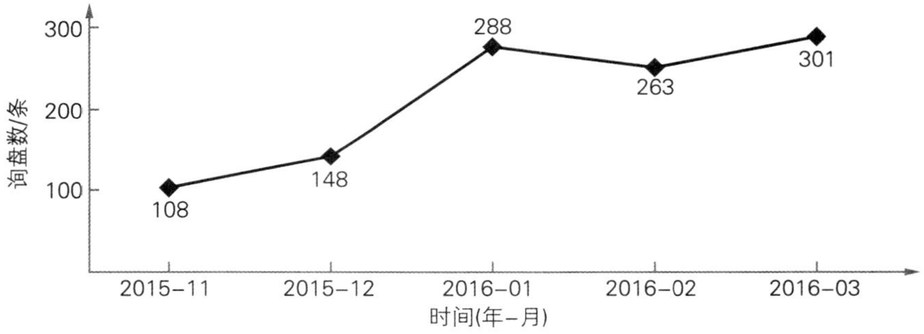

图8－5　晨美公司信保询盘增长趋势

8.2.2　提升交易效率

传统的国际贸易中，从接到询盘到最终交易达成，中间往往要历经商业谈判、实地见面、验货验厂的流程，这需要花费数周乃至几个月的时间。信保的出现，极大地降低了信任环节的成本，在很大程度上降低了买家（特别是需要寻找新供货商的买家）实地考察的必要性，提升了跨境电商的交易效率。

河北廊坊市锐隆商贸有限公司（以下简称“锐隆商贸”）是一

家外贸企业，从事金属玻璃家具（如餐台、电视柜、餐椅等）的出口业务，主要的客户来自美国和英国。锐隆商贸所从事的行业标准化程度较低，前期往往需要与客户进行大量的邮件等各种方式的沟通，但客户还是会有款式、品质、交货期等方面的顾虑，担心会受损失，而信保恰好解决了这个问题。

2015年1月，锐隆商贸开始使用信保服务，没多久便拿下一个意外的订单。锐隆商贸总经理刘晓辰说："上周巡盘时发现了一个美国客户，当时我们公司也刚开始使用信保，业务员就给客户发了一封邮件，是一个PDF格式的文档，里面的内容包括：什么是阿里巴巴信保，信保的作用，我们公司的授信额度截图，以及万一发生问题会怎么处理等。第二天早上，莫名其妙多出一个订单！而下单的就是昨天我们发邮件的美国客户！这个订单实在是来得太突然啦！"

在锐隆商贸所从事的传统国际贸易中，客户无须样品测试、仅需图片展示确认的情况下，完成订单最快也需要两周；而需要样品寄送及测试的情况下，完成订单往往需要一个月左右的时间。信保的出现，节省了锐隆商贸90%以上的交易时间，极大地提升了企业的交易效率。

8.2.3 放宽交易条件

传统国际贸易下的交易方式适用性有限，很多中国出口企业（特别是中小型生产企业）并不适用。举例来说，由于缺乏风险把控能力很多企业不敢使用信用证，由于生产所需资金量较大很多企业无法接受T/T分期付款，由于手续费过高很多企业不愿意接受在线支付。信保的出现，在最大程度上保障了买家的利益，使得买家越来越愿意放宽付款条件，从而解决了众多中国出口企业的国际贸易交易难题。

2015年，青岛永晖嘉信进出口有限公司（以下简称“永晖嘉信”）有一个美国的订单，原本已谈好3万美元，但一直因为付款问题无法达成交易。买家是首次进口，担心发货时间和货品质量，无法接受预付30%现金的方式；永晖嘉信提出用信用证结算，但买家资质有限，无法开具信用证；之后，买家又提出用在线支付工具，但仅手续费就将近一万元人民币，永晖嘉信无法承受。于是这个订单便因为付款方式僵持了两个月。

2016年1月，永晖嘉信在阿里巴巴平台开通了信用保障服务，美国买家第二天便主动要求通过信保服务做交易。交易双方一拍即合，立即成交。永晖嘉信总经理孙培龙谈到这笔交易时激动地说道：“以后凡是因为付款方式无法达成的订单，就推荐买家使用信用保障服务!”

8.2.4 成就中小企业

基于线下的传统国际贸易中，海外买家更青睐与大企业进行合作，因为大企业的品牌、实力、规模在一定程度上可反映出其产品的品质。

而在基于线上的跨境电商中，海外买家不再单以规模大小论合作，信保成为其重要的决策因素。从这个角度而言，中小企业与大企业站在了同一条起跑线上。

黄丽娟所在的公司主要从事金属制品的生产和销售，主要客户来自欧美和东南亚。在阿里巴巴举行的采购节期间，黄丽娟的公司通过引导新老客户通过信保下单，有效地提升了其信保金额。

“在与国外客户打交道时，信用保障很重要。”黄丽娟提到她亲历的一个订单，采购节期间她曾与一位英国客户谈交易，一笔4万美元的订单，在付款方式上面双方产生了分歧——客户只接受见提单付款，而黄丽娟这边的流程是需要在出货前付清余款。“客户这种心理我们能理解，所以我给他介绍信保服务，他十分信服阿里巴巴有能力保障他的钱款和货物质量，所以这笔交易很顺畅就完成了，只用了3天时间。”

阿里巴巴外贸综合服务事业部总经理魏强认为：“信用保障体系从技术手段上可以说是第一个互联网化的国际贸易交易规则，本质是运用大数据将传统外贸过程中产生的单据变成数据。”

传统的国际贸易中，每一笔交易产生的单据价值有限，无法为卖家带来新的客户和订单。在跨境电商时代，企业的数据积累越多，交易评价越多，所获得的信保额度就越高，从而更容易获取买家信任，更容易获得订单，这样一个良性循环能够促进中小企业发展并推动出口，实现真正的“信用＝财富”。

附　录

信保客户原声[1]

以前做1年和做10年基本没有区别，但如果做淘宝、天猫，因为有评价和展示体系，几年下来都不用说服客户，因为可以一目了然。有了信保之后，有了授信额度和数据评价展示，业绩可以在网站上积累及展示，实现数据显性化，这样很容易给我们带来新客人，这就是最大的价值。

——广东出口客户胡新振

虽然之前的补贴和贷款政策也是很大的利好，但对我们来说，信用保障体系的诞生，真正动了奶酪。我们业务员就给客户发些邮件介绍了一下阿里巴巴信保，顺便附上阿里巴巴信保授信截图，以及万一发生问题会怎么处理等。第二天早上，就有美国客户立即下单！就像你去淘宝

①摘自阿里巴巴网络技术有限公司所著《挡不住的跨境电商时代》，中国海关出版社。

买东西，一样的商品你肯定倾向于选择销量高的皇冠卖家，而不是销量少的新卖家，所以我们要尽早把数据积累起来，信用额度越高生意也会越来越多。

——河北出口客户刘晓辰

信用保障服务在风险较高的地区显得尤为重要，像巴基斯坦、印度、美国等地的买家对信用保障额度有较大的信赖感……此前有一笔几十万元的订单来自巴基斯坦，和我们并没有合作历史，一开始也是顾虑重重，后来了解到我们有阿里巴巴的信保额度后，立即选择下单订购。

——广东出口客户王林方

第九章 综合服务

要点提示

1. 由于自身能力有限，中小企业在推动跨境电商的实操过程中面临如通关、退税、换汇、融资等多方面的问题。外贸综合服务商的出现，通过“集中需求、规模解决”的方式，有效地解决了中小企业的跨境电商难题。

2. 通过外贸综合服务商，跨境电商企业可以有效地简化外贸流程、降低过程成本。同时，金融服务也变得越来越普及，以阿里巴巴一达通为代表的外贸综合服务商在信用融资、贸易融资等方面做了很多有益的探索。

9.1 传统模式下的跨境贸易交易痛点

随着互联网和跨境电商的发展，成千上万的中小微企业涌入外贸市场。然而，与外贸传统参与主体大型企业不同，中小企业缺乏独立完成国际贸易的能力。

9.1.1 通关环节复杂

阿里巴巴研究数据表明，目前我国外贸中小企业使用代理的比例约为55%，而企业使用外贸代理最主要的原因是“不懂外贸、缺乏相应的外贸操作人员”（56.5%）。在服务需求中，“通关、外汇”（37.7%）和“退税”（34.7%）是企业需求最大的方面。

在外贸经营权限放开以后，虽然从理论上讲，外贸出口已无太高门槛，但是对于中小企业来讲，一方面外贸出口涉及的环节众多，流程复杂；另一方面专门的报关、报检、退税、结汇等人员的支出较高。仅仅靠监管机构在简化商检、便利通关等方面的行政改革，仍然无法适应外贸中小企业井喷式增长的趋势。长期以来，通关2～3天，融资10天或更长时间，退税3～6个月……这是中小微企业做外贸的尴尬现状。

一位多年从事外贸的中小企业主表示，2013年7月底，国务院出台了“一次申报、一次查验、一次放行、工业制成品不再实行出口法检”等六条措施，使外贸的环节更为简化，极大地方便了外贸企业。但是对于中小微企业来说，由于缺少通关、融资、退税等各个环节的专业人才，订单散且小，外贸依然是烦琐复杂的。

同时，对于已经开展跨境电商的外贸企业，仍然存在诸多壁垒障碍。海关通关手续问题、税收问题等解决还需要一段时间。很多小型外贸电商由于种种原因无法获得正规的进项发票，无法提供与海关匹配的报关单，按照现行的法律规定不能够享受退税待遇。虽然很多中小企业仍然愿意将出口委托给代理公司来完成，但是由于业务操作上很不规范，这类代理公司容易产生出口骗税违规行为。

9.1.2 融资难题

随着近年来人民币汇率的波动，原材料价格上涨，用工成本攀升，中国制造业低成本的时代已经一去不复返，加之国际市场疲软，欧债危机、美债危机等因素，导致我国中小微企业的外贸形势异常严峻。同时，资金短缺等问题也使中小出口型企业生存更加艰辛。

中小微企业融资难题的核心在于缺乏有效的融资渠道。虽然多家大型银行均已经推出了贸易融资、供应链金融等业务，但中小微外贸企业还是面临着不能直接从银行获得贷款的现实难题。一方面银行无法直接参与贸易，使其无法了解中小微外贸企业的贸易真实性，而大大增加了融资的风险，导致风控成本太高；一方面中小微企业的融资金额较低，放贷银行的收益根本无法覆盖成本。此外，中小微企业的外贸融资需求具有散、小、快的特征，银行现有产品及流程也较难贴合企业需求。

缺乏金融服务导致中小微企业在海外竞争中面临弱势，使得中小微企业不得不放弃优质的大订单，为了资金周转而争抢容易变现的低利润小额订单。打通中小微企业和金融机构之间的障碍，让中小微企业也能够得到优良的金融服务，单纯依靠中小微企业自身难以实现，还需要更多的社会化渠道共同参与解决。

9.2　外贸综合服务商助力跨境电商中小企业卖家快速完成交易

9.2.1　外贸综合服务商的定义

外贸综合服务商，即以整合各类环节服务为基础，然后统一投放给中小外贸企业，其主要服务包括融资、通关、退税以及物流、保险等外贸必需环节。

9.2.2　外贸综合服务行业发展历程

1. 外贸综合服务商的萌芽期

外贸综合服务商实际上是从传统的外贸代理发展而来的。在传统的进出口业务中，最初是实施许可制度的，在这种许可制度下，无进出口权限的企业，往往委托代理企业出口，代理企业收取代理费。

随着对外贸易的发展，专门从事该业务的代理公司应运而生。这类公司就是外贸综合服务商的雏形。但是，由于业务操作上很不规范，这类代理公司容易产生出口骗税违规行为。2008年金融危机爆发，一个叫“一达通”的中小企业进出口代理商崛起，标志着“外贸综合服务商”

发展到一个新的阶段。外贸综合服务商，往往通过标准化的运作来实现代理业务的便捷化，通过具有丰富外贸经验的人员来审核业务中的潜在风险，这类企业在珠三角及青岛、大连等地发展很快。

2. 外贸综合服务商的发展期

为提振外贸，国务院常务会议于2013年制定了促外贸“国六条”。在第四条中首次正式提出“支持外贸综合服务企业为中小民营企业出口提供融资、通关、退税等服务”。“外贸综合服务企业”被写入“政府工作报告”。

促外贸“国六条”

一、制定便利通关办法，抓紧出台“一次申报、一次查验、一次放行”改革方案，分步在全国口岸实行。

二、整顿进出口环节经营性收费，减少行政事业性收费。暂免出口商品法定检验费用。减少法检商品种类，原则上工业制成品不再实行出口法检。抓紧研究法定检验体制改革方案。

三、鼓励金融机构对有订单、有效益的企业及项目加大支持力度，发展短期出口信用保险业务，扩大保险规模。

四、支持外贸综合服务企业为中小民营企业出口提供融资、通关、退税等服务。创造条件对服务出口实行零税率，逐步扩大服务进口。

五、积极扩大商品进口，增加进口贴息资金规模。完善多种贸易方式，促进边境贸易。

六、努力促进国际收支基本平衡，保持人民币汇率在合理均衡水平上的基本稳定。

继促外贸“国六条”之后，国务院办公厅发布的《关于支持外贸稳定增长的若干意见》中再次提及“外贸综合服务”这一行业：国家支持外贸综合服务商发展，为小微企业出口提供专业化服务。

同时，在海关总署发布的《关于支持外贸稳定增长的若干措施》中，多次提及“支持以跨境电商为代表的新型贸易平台发展”“从企业管理、企业分类、数据联网等方面支持促进外贸综合服务商发展”等举措。

政府的高度关注和密集的政策扶持，为“外综平台”的崛起奠定了基础。最新数据显示，2015年一季度广东省内23家外贸综合服务试点企业出口40亿美元，增长42.1%；而2001年诞生在深圳的最早“外综平台”——“一达通”被阿里巴巴收购后，更是强强联合，辐射全国迅猛发展，成为2014年我国一般贸易出口企业百强榜中位列第三名的行业领军者。

9.3　外贸综合服务商的价值

就企业端来说，外贸综合服务商提供的核心价值主要有三点：简化贸易流程、服务团购、金融支持（见图9－1）。

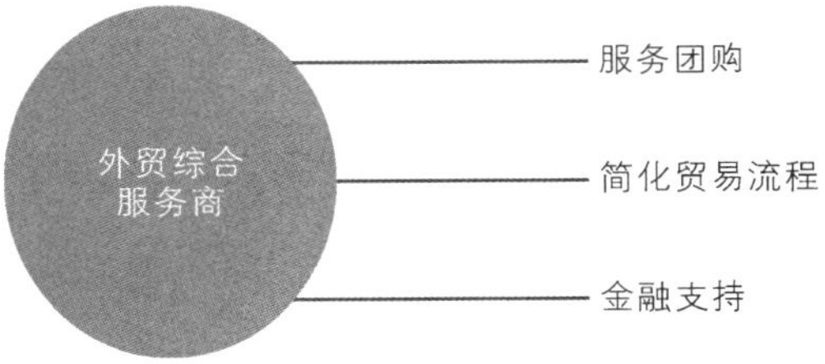

图9－1　外贸综合服务商的核心价值

9.3.1　核心价值一：简化贸易流程

跨境电商贸易流程（见图9－2）相比于其他交易都显得复杂，并非简单的线下搬到线上。比如很多传统企业以为只要有工商执照、有税务登记就可以进行交易，完全不清楚还需要海关进出口授权才可以自主进出口、核销退税。同时，线上化的操作对于一些传统外贸企业来说存在一定的操作难度。

图9－2　跨境电商贸易流程

外贸综合服务商为中小企业提供了通关、物流、金融、退税等服务，简化了跨境电商贸易流程，提升了海关、税务等口岸机关直接面向中小企业的监管及服务效率，实现了国际贸易便利化诉求，大大降低了国际贸易门槛，提升了企业运营效率。以阿里巴巴一达通为例，一达通开创了将国际贸易与流通服务分离的外贸服务新业态，采用标准化、专业化、网络化的手段为中小微企业提供通关、物流、退税、外汇、融资等一站式外贸综合服务（见图9－3）。

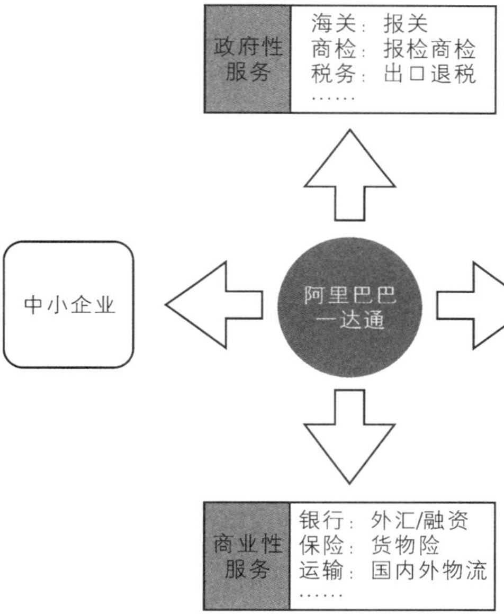

图9－3　一达通“N＋1＋N”服务模式

一达通的“N＋1＋N”模式：左边的“N”代表国内中小企业，右边的“N”代表海外商家，中间的“1”是指一达通作为两者之间的服务环节所提供的一站式服务，如商检、税务、海关、法律、外管等政府性服务，如银行、保险、运输等商业性服务。

外贸企业只需提供订单，其他的都可以交给一达通服务平台，既节省了人力资源，又使企业可以将更多的精力用于产品的开发和市场的开发，提升了效率。一达通交易流程见图9－4。

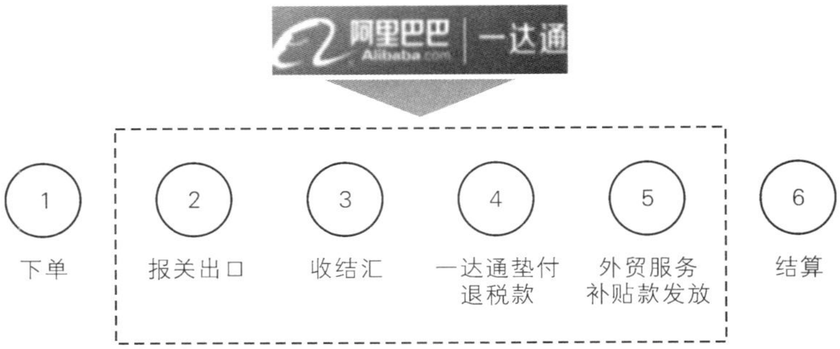

图9-4　一达通交易流程

9.3.2　核心价值二：服务团购

中小企业受制于发展规模，在选择专业服务机构方面往往势单力薄，毫无议价能力。外贸综合服务商连接的服务商都是各自行业里的龙头企业，通过归集中小企业服务需求，外贸综合服务商可以与各类外贸服务企业谈判，获取更为优惠的价格，让中小企业同样能够享受到大企业的服务。同时，外贸综合服务商简化了外贸交易流程，减少了外贸企业相关交易环节的专业人才成本及操作难度，使中小企业可以专注于产品及服务提升。

一达通聚集了3万多家外贸企业，这些企业都以一达通的名义出口。这样，一达通将这些企业的物流/金融服务需求聚集起来，去跟相关的物流公司、金融机构谈判，以获取更低的费率。陆运服务、空运服务、保险服务、贷款服务、结汇服务等都能通过这个模式，既让中小企业省钱，又让上游服务提供商省心。通过一达通“团购物流”“团购金融信贷”等形式，外贸企业可以实现物流成本降低20%、融资成本降低35%。

9.3.3　核心价值三：金融支持

2015年，钱荒、中小企业跑路、民间借贷成为各大媒体报道的焦点，中小企业资金链趋于紧张，生存环境堪忧。

然而面临困境，传统金融机构却难以提出与之相适应的解决方案：①中小企业缺乏规模大、实力强的担保方，传统金融机构无法放心放款；②中小企业数量众多，融资额度低，传统金融机构的放贷成本居高不下；③传统融资方式，形式单一，无法满足中小企业的需求。

打通中小微企业和金融机构之间的障碍，让中小微企业也能够得到优良的金融服务，单纯依靠中小微企业自身是很难实现的。而通过类似一达通这样的第三方电子商务服务平台来整合资源，通过介入中小微企业的整个交易环节，掌握企业真实的业务信息及海关交易记录，从而确保贷款的安全性；通过集约碎片需求“化零为整”，将中小微企业的需求打包给银行，然后再零售给中小企业，为银行解决了贷前、贷中及贷后的运营成本难题，最终让中小微企业顺利与金融机构实现对接。

从默默无闻的内销厂家，到大型贸易公司的幕后供应商，到现在，作为德国LIDL等五大品牌超市的供应商，肖传文的创业历程可谓跌宕起伏。

广州市创威电子科技有限公司（以下简称“创威电子”）还在工厂转型贸易公司的阶段，面对欧洲品牌超市的严谨要求，以及较大的订单金额，企业面临着资金链断裂的危机，肖传文背负着卖房子的心，也希望完成这张订单，因为他心里深知这张订单对整个企业的重要性。无可奈何下，他找到银行贷款，因为企业周转情况不明朗的情况，理所当然地被拒贷了。

机缘巧合下，因为跟客服多嘴一问，让肖传文了解到一达通相关的金融产品，结果出乎他所料，竟然通过网商贷高级版贷来了300万元的贷款。也因为这样，创威电子从此稳稳地占据欧洲品牌超市的小家电供应商地位。正因为在困难中的援助，以及对阿里巴巴一直的信任，肖传文在未来的经商中更相信、更依靠一达通这个伙伴。同时，一种新的企业运营模式也慢慢植根于肖传文的思维里。

“新的时代已经到来，商业模式变了，我们的思维也要跟着变化，单凭企业自身的能力、资金，是无法满足企业扩张、提高接订单能力的需求。”整体大环境不被看好的时代，有些企业惨淡收场，有些企业收益稳步上升，这里的成功与企业的资本运作有着密切的关系。面临着巨大的竞争，订单的碎片化，汇率调整的幅度，新时代的外贸老板必须具有灵敏的触觉、快捷的资金管理手段。

欧洲品牌超市的订单，对于中国大部分外贸企业，可说是喜忧参半，就以LIDL的订单为例，给企业赢来长期合作的关系、丰厚的利润空间，以及产品过人的资质认证，但同时企业将要面对BSCI（商业社会标准认证）验厂的数十份证明、各样样品，不仅仅是“产前样”，哪怕确认可以生产，“中期检验”“末期检验”假如不合格，也会面临毁约的风险，落得企业的血本无归，所以，多数企业都望而却步。肖总却“放肆”地接单，无论是信用证、赊销，无论是60天还是90天的账期，他的企业都敢接，这都源于肖总对资本管理的过人眼界。

当企业面临接近饱和的产能挑战，创威电子接到一个总额为1 000万元的订单，肖总放弃过去靠自身资金周转的方式。考虑到全单的利润空间，他选择信用证支付方式，用4～6个月的账期吸引客户，通过一达通进行信用证融资、信用贷款，吸纳更多外在资金，以及每个月一达通的退税金额，填补工厂开销，给予下游供应商获利的空间。通过这样的方式，创威电子稳固地建立了买家、下游供应商的信任，确立企业接订单的能力，长期保持市场开发的能力。

在肖总的眼里，新外贸企业的成功之路关键在于资本运作，肖总的企业运作就印证了这一点。通过对《外贸企业整体解决方案》中金融产品的灵活运用，在外贸大环境中，把握住了机会，在众多企业中突围而出。

阿里巴巴一达通以大数据为基础，通过建立信用保障体系，为企业提供各种金融服务，拓展了投融资的模式和方式，解决了传统企业融资的3大难题，具有以下特点：①风险更低，通过大数据可以全面了解中小企业的真实情况；②投融资形式更加丰富，为中小企业提供全供应链环节的投融资服务；③信用中介，为交易双方、融资机构提供信用担保。阿里巴巴一达通对金融生态的创新见图9－5。

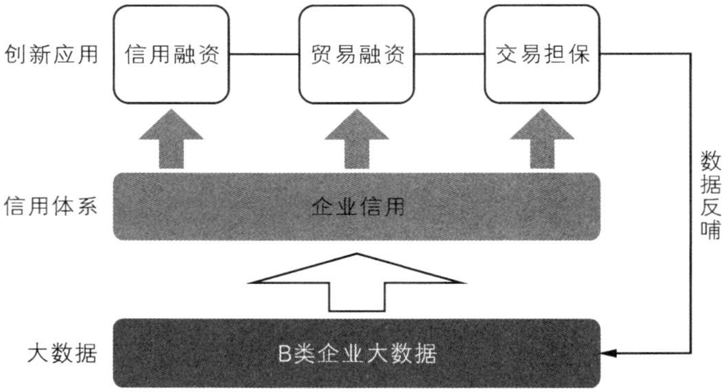

图9－5　阿里巴巴一达通对金融生态的创新

企业信用的出现，极大地改变了中小企业的融资成本。企业信用将充当金融机构和中小企业之间的信任桥梁，通过企业信用，金融机构可以掌握企业真实的运营状况，从而降低融资风险，从而使很多中小规模的优质企业获得资金支持。中小企业融资次数越多，其所产生的信用积累也越多，从而形成良性循环，反之亦然（见图9－6）。通过利用大数据，阿里巴巴为中小企业提供信用融资、贸易融资、交易担保三种金融创新服务。

图9－6　企业信用成为信任桥梁

1. **信用融资**

信用融资并不少见，但真正符合中小企业需求的信用融资却不常见。中小企业融资淡旺季明显、订单融资需求不定时、资金使用周期短，而传统金融机构提供的融资手续时间长、贷款期限短，无法满足中小企业的真实需求。

阿里巴巴一达通推出网商贷，只要通过一达通报关结汇退税，阿里巴巴就针对每一美元的贸易流水为企业提供一元人民币的贷款。截至2016年1月，阿里巴巴已累计放贷接近10亿元。相较传统银行1.5%～1.6%的不良贷款比例，阿里巴巴流水贷的不良率只有0.5%，在卓越的成绩背后，供应商的信用、整个贸易流程上的流转、贷后管理都起到了非常关键的作用。阿里巴巴网商贷4大特征见图9－7。

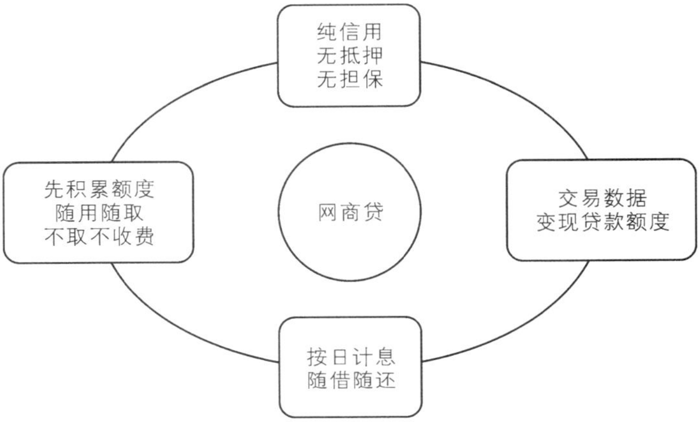

图9－7　阿里巴巴网商贷4大特征

C公司主要生产手机移动电源，正在开发智能家居等产品，出口日本，东南亚、西欧、南美各国，年销售额近3 000万美元。近两年，C公司作为消费类行业也遇到了和大部分中小企业一样的难题。

“整个行业市场竞争无序，水平高低各层次都有，国内其他竞争对手的冲击。比如大小规格一模一样的同款产品，价格范围从2美元到200美元都有，那么我们的客户在选择时可能会选择中间价格的、三五十美元的，而有自主知识产权的、高附加值的产品卖不起高价，只能跟着大部分厂商往中间价格走，把利润压到最低。这让我们举步维艰。”

一方面是利润进一步下滑，另一方面是企业要转型创新，开发新的领域和产品，需要更多资金采购新设备，C公司面临双重的资金压力。“以前也有去银行申请贷款，但是银行对企业的资产要求和个人信用要求高，很难达到，没能成功。”

2015年4月，C公司通过验证资质和在一达通平台上以往的贸易数据，在一达通的推荐下，向银行提供了真实的通关信息和贸易资料，顺利拿到了上百万元的流水贷款，缓解了企业资金压力。

此外，阿里巴巴还推出“信融保”服务，解决信用证结算中出口企业面临的主要问题。服务涵盖信用证打包贷款、信用证买断、信用证融资不买断三大服务模块。

A企业是一家不锈钢产品出口商，出口国家主要有韩国、印度、科威特等。2012年，A企业的年出口金额约150万美元，T/T结算占总出口金额的90%以上。但他们缺乏信用证专业知识，没有专业人员审查条款和制单，同时也面临着信用证下的资金周转压力。

在跟一达通合作出口后，A企业按照信融保“专家”的建议来收证和准时出货，单据基本上可以做到全符交单，交单后1～3个工作日就可以买断信用证交单金额的100%。

成为一达通信用证优质客户后，A企业还可使用一达通的信用证打包贷款服务，可以融资到信用证金额的60%，以缓解备货压力，总融资额度最高达300万元人民币；待买断款清还前期的打包贷款后，余款用于资金周转，大大地缓解了企业资金压力。万一发生单据不符的情况，A企业可以申请融资交单金额的80%来缓解资金压力。由于专业审单，单据上的不符并没有对买家清关、销售产生实质影响，买家很少会拒付信用证上的不符点。

使用一达通信融保服务之后，A企业在一达通的出口金额和信用证金额不断增大，2013年出口金额达到400万美元，2014年达到800万美元，2015年1～4月出口额已达500万美元；且信用证项下金额已占总比例的60%以上。

2. 贸易融资

在大数据的基础上，围绕信用保障体系，阿里巴巴为中小企业跨境电商各个环节进行融资，满足其不同阶段、不同环节的融资需求（见图9－8）。

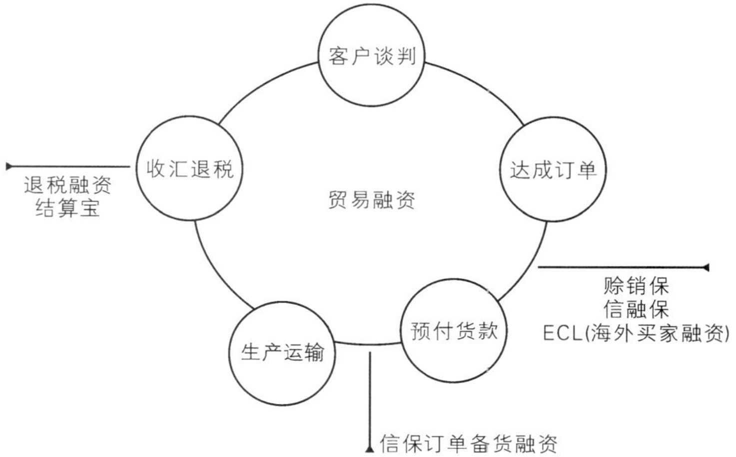

图9－8　阿里巴巴贸易融资示意图

退税融资是跨境电商中较为成熟的产品，由于阿里巴巴掌握了整个贸易的核心环节（报关、退税等），能够保证贸易的真实性、货物的真实性，可以有效降低融资风险，因此来寻求合作的银行趋之若鹜，已有中国银行、招商银行等机构与阿里巴巴开展了合作。2015年，阿里巴巴退税融资达到100亿元，不良率仅有5%。

B企业通过一达通平台报关出口一票货物，货值达10万美元，美元对人民币汇率为6，退税率为17%，退税融资费率为4%，那么退税款约12万元人民币，可以在单证齐全后3个工作日即可拿到退税融资款，比客户自行正常退税提前了2个月左右，加快了资金和利润的流转速度，缓解了客户资金压力，一达通作为外贸综合服务平台代理客户操作退税事宜，为客户避免了复杂的出口退税操作流程，极大地节约了人力和资源的投入。

赊销保是指出口企业接收赊销订单时，由阿里巴巴垫付最高80%的应收货款，为企业分担资金压力，提前“放款”的金融服务，该服务由阿里巴巴联合中国银行和中国出口信用保险公司共同推出。阿里巴巴赊销业务上限1 000万元，利率只有0.01%。

D企业是一家平板电脑的出口商，之前除了用T/T方式出口给几个海外小买家，也承接2～3家国内品牌出口商给海外大买家订单的外加工单。由于视产品质量为生命，D企业外加工单的能力和声誉逐渐在圈内传开。在华有过多年采购经验的买家找到D企业，愿意把一款新的产品交给D企业来生产和出口，但客户需接受其在华的采购方式即赊销120天。

面对天下掉下的订单，D企业既惊喜又忧虑：喜的是有大买家找上门来了，忧的是企业没有充裕资金来承接120天的账期。通过一些关系，D企业自行联系了保险公司和银行，由于保险公司需要客户缴纳一年保费和全面评估后方能合作；同时银行的应收款融资需要固定资产抵押，因此D企业在短时间内很难找到一家同时解决出口险和融资需求的机构。

在了解了一达通的赊销保产品后，D企业决定与一达通合作接下大单。15天后与一达通合作的保险机构——中国出口信用保险公司批复了买家80万美元的额度，账期为120天。通过紧张的备货，D企业如期出货且及时通过一达通取得80%的融资款，企业前期采购的结算压力得以缓解。

ECL是阿里巴巴针对海外买家推出的融资服务，在阿里巴巴平台上信用等级较高的海外买家，可以零资金获取平台或金融机构的垫付资金。截至2016年1月，阿里巴巴已与英、美两家金融机构推出了相关产品。

E企业主要生产和出口运动器材，由于其最大的买家下游均为当地商超，下游销售和回款周期较长，E企业与买家的结算周期长达半年，承受着巨大的资金压力。同时，买家2014年下半年的货款，到2015年第一季度结束后还没有回款！E企业计划近期跟买家“摊牌”，如再不还款就暂停出新货。

2015年1月底，买家采用了阿里巴巴ECL金融服务，向美国金融机构提交了申请资料，并在24小时内获得了几十万美元的额度。随后买家向金融机构提交了为其支付E企业历史订单货款的申请。

核实E企业的历史发货单据和买卖家签署的采购合同后，阿里巴巴平台向金融机构发出了付款指令，由金融机构与买家确认垫款事宜。一周内E企业收到来自金融机构的全额垫付款。整个融资过程中，E企业只参与了合同签署及单据提交的环节，无须承担买家融资的任何费用和利息（均由买家B公司与金融机构单独结算）。

外贸综合服务商在跨境电商中扮演着重要的角色。外贸综合服务商帮助中小微企业降低运营难度，提升运营效率，使更多的企业可以参与到跨境电商中来；通过大数据服务，为企业提供数据反馈，帮助电商企业产品升级、服务优化；通过数据沉淀及挖掘，为企业提供信用背书及金融支持。

越来越多的中小企业意识到外贸综合服务商的重要性。了解外贸综合服务商，合理利用外贸综合服务商的相关服务，可以快速提升中小企业的国际贸易能力，推动中小跨境电商企业的快速发展及壮大。

一达通通过综合服务平台与银行信贷平台相结合，为中小企业客户提供融资通道，集退税融资、电子商务、支付结算于一体，为中小企业提供全方位、多层次的综合金融服务方案，解决中小企业因为可抵押资产少、抗风险能力低、财务信息不透明等原因难以获得贷款支持的难题。

一达通外贸供应链平台运用自身系统处理能力，将监管、申请、投放、还款、放贷等相关融资工作纳入一个统一的信息化网络处理平台，较好地适应了中小企业外贸供应链融资小额、动态的特点，为解决中小企业融资难问题找到一个可行的解决方案。

第十章　跨境电商物流

要点提示

1. 与境内电商物流不同，跨境电商物流面临地理、法理双重问题，中小企业受制于自身能力限制，规模越小物流占比越高。

2. 邮政物流、商业快递、专线物流已经成为跨境电商（主要指B2C、B2小B）物流的主要方式。

3. 海外仓是提升用户体验，解决大件商品物流问题的重要方式。同时，海外仓对卖家运营能力的要求较高。

4. 以阿里巴巴、亚马逊为代表，越来越多具有互联网背景的企业加入到跨境电商物流行业之中，未来将成为这个领域内极其重要的力量。

5. 跨境电商物流至今仍面临时效、成本、可追溯性等难题，但在国家的大力推动下，伴随着大数据的不断成熟和普及，跨境电商物流体系将快速地向企业所需要的方向完善。

10.1 跨境电商物流的背景

电子商务的本质是商业模式的变革，而商业模式的本质是流通，从这个方面来看，跨境电商也不能例外。互联网的普及、电子商务的不断成熟使交易双方的信息越来越对称，买方可以轻易地知道自己需要的产品在哪里。然而，在达成交易之后，买方、卖方的空间位置仍然相隔千里。

互联网可以解决信息流和资金流的问题，但无法解决物流的问题，商品必须在线下跨越地理距离，到达客户的手里。国电电商如此，跨境电商也是如此，只不过跨境电商物流要比国内电商物流更复杂。

10.1.1 跨境电商物流的特征

1. 距离相隔甚远

相较国内物流，跨境物流需要跨越更大的地理空间。从上海到北京的距离大约1 000千米，但从上海到莫斯科，距离则大约是7 200千米。北京到纽约的最短空中距离约11 000千米（北极航线），北京到布宜诺斯艾利斯直线距离约为20 000千米。

跨境电商使得世界更加扁平化，但压在物流上的重担并不比传统国际贸易时代轻多少。地球很大，周长40 000千米，因此跨境电商物流的复杂程度与国内电商物流根本不是一个数量级。

2. 法理问题突出

跨境物流面临的问题更多的是法理问题而非地理问题。由于跨境电商的交易双方地处不同的国家或地区，所以跨境物流涉及海关、商检等多个环节，涉及国际间不同国家的多个规格标准、多套不同法律，十分复杂。例如，尽管地理距离相近，但商品从北京物流到云南和物流到越南是截然不同的。

一般情况下，商品从中国卖家递送到海外买家手中，需要经过国内、国外两次通关，即使我国大力改善提高通关效率，也无法保障国外海关的通关效率。在巴西的跨境电商旺季，中国邮政挂号小包给出的时效是90天，然而120天更为常见，即使是半年也不足为怪。

距离问题和法理问题纠缠在一起，使得跨境电商物流费用成为跨境电商企业综合成本的重要组成部分，占据15%～20%的比例。同时，跨境电商物流也严重影响了客户的购买体验，在跨境电商平台的订单投诉中，很大一部分都是由物流引起的。

10.1.2　中小企业的跨境电商物流难题

2015年4月，《中国经营报》报道："目前我国中小企业数量近4 000万户，其中中小外贸企业数量将近500万户，这500万户中小外贸企业完成我国约60%的对外贸易总额。"

无论是一般贸易还是跨境电商，从规模占比角度而言，目前中小企业都是最主要的参与力量，但从跨境物流角度而言，中小企业却面临很多困难。

中小规模的外贸企业，往往缺乏专职的外贸人员，需要社会化的专业服务机构帮助。在一般贸易B2B领域中，规模越小的外贸企业，越需要货代公司的全面服务，因此大幅增加了物流费用。

同时，相较大型企业，中小企业在与物流公司合作时缺乏谈判筹码，难以获得最优的待遇。在跨境电商B2C领域中，很多中小企业由于体量有限，走邮政速递的渠道时往往需要自己负责送到邮政固定地点，无形中增加了成本，降低了效率。

一般贸易实际操作环节

一般贸易B2B领域中，中小企业物流相关的实际操作中可能包括如图10-1所示环节。

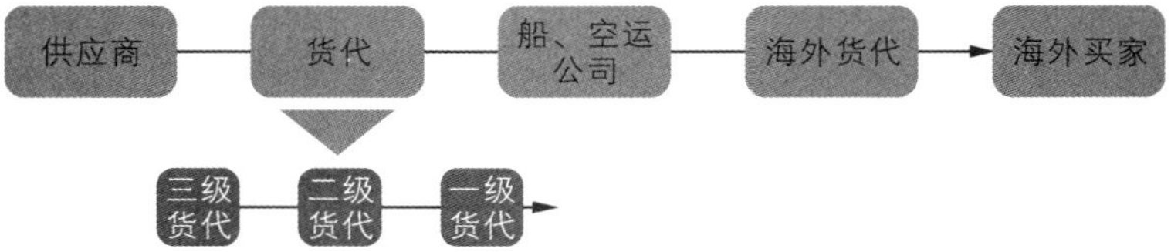

图10－1　一般贸易实际操作流程图

目前，中国出口80%以上的比例都采用FOB（船上交货价）的形式，物流服务商多由海外买家选定其信任的海外货代，并由海外货代选择对接的国内货代。产业链条上的主要利润也集中在海外货代环节。产业链上的利润主要集中在销售环节和货到海外港口之后的清关、仓储、运输环节。

国内货代通过加价或者分利润的方式获取收益。一般情况下，国内货代代操服务可以获得每单25～50美元的利润，安排拖车获得200～300美元，订舱操作费获得150美元，由此可见海外物流附加费用之高。

10.2　跨境电商主要物流方式介绍

伴随着越来越多的消费者、经销商、分销商跳开中间环节，直接通过网络采购中国产品，跨境电商“小批量、碎片化、高频率”的特征越来越明显。在这个背景下，邮政物流、商业快递、专线物流由于具有速度方面的优势，成为跨境电商B2C、“B2小B”的主要物流方式。

10.2.1　邮政物流

邮政网络基本覆盖全球，比其他任何跨境电商物流方式都要广。邮政物流包括各国及中国香港邮局的邮政航空大小包，以及EMS、国际e邮宝等。据不完全统计，目前中国跨境电商出口B2C中70%的包裹都是通过邮政系统投递的，其中中国邮政占比50%左右。这是由于：

1. 投递质量有保证

2002年，中国、美国、日本、韩国、澳大利亚、中国香港6个国家和地区的邮政部门在美国卡哈拉东方饭店召开邮政CEO（首席执行官）高峰会议，并成立了卡哈拉邮政组织。2009年，英国、西班牙也加入了卡哈拉邮政组织。

卡哈拉邮政组织要求所有成员投递时限要达到98%的质量标准。如果货物没能在指定日期投递给收件人，负责投递的运营商需要按照货物价值的100%赔付给客户。这些严格要求促使该组织成员之间深化合作，在很大程度上保证了投递的质量。

2. 性价比有优势

通过邮政系统进行投递，效率可以得到一定的保证（特别是中国发往发达国家及地区）。在万国邮政联盟和卡哈拉邮政组织的协调下，各国的邮政服务效率都有所提升。例如，从中国发往美国的邮政包裹，一般情况下15天左右可以到达；eBay平台上的国际e邮宝美国全境妥投时间甚至能达到7～12天。

另外，邮政系统投递的费用也较为低廉。全球大多数邮政属于国营，都会有一定的国家税收补贴，因此整体价格都比较低。

常见邮政物流方式介绍

1. EMS

EMS适用于小件，特别是对时效要求不高的货物，可以走敏感货物，不容易产生关税问题。同时，在南美国家和俄罗斯等国家EMS具有绝对优势。

（1）优点

①投递覆盖面广，全世界通邮，可到达全球210个目的地；

②投递网络强大，全国2 000多个自营网点，任何地区都能到达；

③价格比较合理，不计体积，免收燃油及偏远附加税；

④货物流失率低，一直以来维持在1%以下，安全性较高。

（2）缺点

①速度偏慢，特别是相较于商业快递；

②可追溯性弱，查询网站信息滞后，一旦出现问题查询时间非常长。

2. 国际e邮宝

国际e邮宝是中国邮政为中国电商卖家量身定制的一款全新经济型国际邮递产品，主要针对轻小件物品的空邮产品。目前，该业务限于为中国电商卖家寄件人提供发向美国、加拿大、英国、法国和澳大利亚的包裹寄递服务。其优点有：

①专业，为中国eBay卖家量身定制；

②经济实惠，支持按总重计费，50克首重，续重按照每克计

算，免收挂号费；

③时效快，7～10天即可妥投，帮助卖家提高物流得分；

④服务优良，提供包裹跟踪号，系统与eBay完美对接，一站式操作。

3. 中国邮政大包

中国邮政大包可以寄达全球200多个国家和地区，价格低，清关能力强，适合于对时效性要求不高且重量稍大的货物。

（1）优点

①成本低，价格比EMS低，具有绝对的价格优势；

②覆盖面广，可以通达全球大部分国家和地区；

③操作简单，中国邮政大包运单简单、快捷、单一，操作方便。

（2）缺点

①部分国家限重10千克，最重也只能寄30千克；

②妥投速度慢，如投递到欧美和亚洲之外的国家和地区需要7～30天；

③查询信息更新慢。

4. 中国邮政小包

中国邮政小包，是指重量在2千克之内，外包装长、宽、高不超过90cm，且最长边小于60cm的小邮包。相较其他商业快递，中国邮政小包可以最大程度避免关税。

（1）优点

①成本低，这是最大的优点；

②操作简单，覆盖面广。客户可以直接在互联易系统打印面单发货即可；

③包含物品种类较多。由于中国邮政小包本质上属于民用包裹，所以限制较少。

（2）缺点

①限制重量2千克，阿富汗甚至限制1千克；

②运送时间较长，如俄罗斯、巴西等国家超过40天才显示客户信息是正常现象；

③还存在很多国家不支持全程跟踪。

10.2.2　商业快递

国际商业快递是跨境电商物流中的重要组成部分，是DHL、UPS、FedEx、TNT等快递业巨头的主营业务，目前业务量以30%左右的速度快速增长。国际商业快递可以提供优质的服务，但费用也十分高昂。一般情况下，中国卖家只有在客户时效性要求很高的情况下，才会使用。

常见商业快递方式介绍

1. DHL

DHL是全球第一的海运和合同物流提供商，可以为客户提供从文件到供应链管理的全系列物流解决方案。

（1）优点

①覆盖面广，可以送达全球220多个国家和地区的120 000多个目的地；

②速度快，妥投时效为3～7个工作日（不包括清关时间）；

③安全可靠，在美国、西欧有特别强的清关能力；

④可追溯性强，在DHL查询网站上货物状态更新比较及时，遇到问题解决速度也较快；

⑤21千克以上物品有单独价格，很多地区的大货价格比国际EMS低。

（2）缺点

①价格高昂，从性价比角度考虑，重量小于5.5千克和21～100千克区间的货物更加适合；

②对托运物品限制严格，拒收许多特殊商品。

2. UPS

UPS是世界上最大的几家快递承运商和包裹快递公司之一，也是运输、物流、资本与电商服务的领导性提供商。适合发小件，尤其是美国、加拿大、英国地区。

（1）优点

①速度快（见表10-1），服务质量好；

表10－1　UPS参考时效

北美	亚洲	西欧	中南美	中东	非洲
2～3工作日	2～3工作日	3～5工作日	3～5工作日	4～6工作日	4～6工作日

②可追溯性强，查询网站更新信息快，能够及时解决问题；

③可以在线发货，在全国109个城市有上门取货服务；

（2）缺点

①运费高昂，适合发6～21千克，或者100千克以上的货物；

②对托运物品的限制比较严格。

3. FedEx

FedEx于1984年进入中国，是拥有直飞中国航班数目最多的国际快递公司，可以服务全球220个城市。

（1）优点

①相较其他几大快递业巨头，FedEx在东南亚具有绝对优势，无论是价格还是速度；

②适合21千克以上的大货，价格相当于DHL、UPS的50%；

③在中南美洲和欧洲的价格具有竞争力，在其他地区则费用较高；

④可追溯性强，查询网站更新信息快，查询响应快。

（2）缺点

①在北美、非洲、南美、中东国家，价格和速度上没有优势；

②对托运物品的限制比较严格。

4. TNT

TNT是世界顶级的快递与物流公司，为超过200个国家及地区的客户提供邮运、快递、物流服务，其电子查询网络是全球最先进的。

（1）优点

①相较其他快递业巨头，在西欧国家的清关能力更强；

②在欧洲、西亚、中东具有绝对优势，无偏远地区附加费；

③可追溯性强，查询网站更新信息快，查询响应快。

（2）缺点

①价格相对高昂；

②对托运物品的限制比较严格。

10.2.3 专线物流

专线物流，又称货物专线，是指物流公司用自己的货车、专车或航空资源，运送货物至其专线目的地。

专线物流建立在货量充足的前提下，优势在于能够集中大批量到某一特定国家或地区的货物，通过规模效应降低成本。其速度比国际商业快递慢，但比邮政包裹快很多。

常见专线物流方式介绍

1. 中环运旗下的“俄邮宝”和“澳邮宝”

俄邮宝专注于中俄跨境物流服务，具有速度快、价格低、有保障的特点，是从事中俄跨境电商卖家较为常见的物流方式。

澳邮宝专注于中澳跨境物流服务，在时效和价格上有突出优势，中环运优质的合作商可以为交易双方提供较好的客户体验。

“俄邮宝”和“澳邮宝”的优点是：

①时效性强，中俄配送时间15～30天，中澳配送时间6～10个工作日；

②价格有优势，整体价格远低于仓柜物流服务方式；

③敢于赔付：货物需购买保险，丢件按照保价金额赔付。

2. 俄速通

俄速通是中俄跨境物流和仓储服务的供应链解决方案提供商，由中俄两国知名快递公司、中俄跨境物流专家、中俄跨境电商专家共同投资打造，拥有航空小包、商业大包、3C电子小包及边境仓等完整的产品体系。

截至2014年年底，俄速通累计发货1 600万件，共2 608.3吨，占全国对俄货运量的27%，对俄市场份额居全国第二位。其优点是：

①经济实惠，以克为单位计费，无起重费，为卖家将运费降到了最低；

②时效性强，平均配送时间为13天，80%以上的包裹可25天

内到达；

③可追溯性强，48小时内上网，货物全程可视化追踪。

3. 燕文专线

燕文专线是北京燕文物流公司旗下的物流业务，利用直飞航班进行配载，由国外合作伙伴清关并进行投递，目前开通了美国、欧洲、澳洲、中东、南美专线，具有时效快、价格低、服务灵活的特点。其优点有：

①时效性高，美国、欧洲、澳洲、中东全程运送速度4～6个工作日，南美全程运送速度7～10个工作日；

②可追溯性强，可以通过燕文物流网站全程在线追踪物品。

4. Aramex专线

Aramex是中东地区最知名的快递公司，Aramex专线也称“中东专线”，服务区域覆盖全世界240多个不同国家（或地区）、310个不同地点。Aramex中国分公司位于上海、北京、广州，是从事中国—中东跨境电商卖家最常见的物流方式。其特点是：

①针对中东、北非、南亚等国家，价格具有显著优势，仅是DHL的60%左右；

②时效性强，一般时间为3～5天；

③可追溯性强，可以通过Aramex网站跟踪查询实时状态。

10.3　海外仓解决方案

仓库是现代物流中连接交易双方的关键节点，对跨境电商卖家而言，将这个节点置于海外就能做到从买方国本地发货，从而缩短订单周期，完善用户体验，提升重复购买率。

10.3.1　运作模式及成本分析

海外仓储集货物流方式的运作模式（见图10－2）大致是：中国卖家通过海运、空运或者快递等方式将商品集中运往海外仓储中心进行存储，并通过物流承运商的库存管理系统下达操作指令。

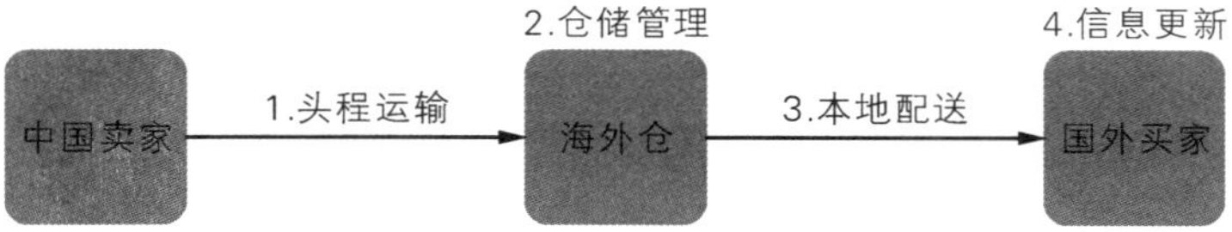

图10－2　海外仓运作模式图

1. 头程运输

中国卖家自己将商品运至海外仓储中心，或者委托承运商将货发至承运商海外的仓库。这段国际货运可采取海运、空运或者快递方式到达仓库。

2. 仓储管理

中国卖家使用物流商的物流信息系统，远程操作海外仓储的货物，并且保持实时更新。

3. 本地配送

海外仓根据订单信息，由物流商严格按照卖家指令对货物进行存储、分拣、包装、配送等操作。

4. 信息更新

本地配送之后，海外仓系统及时更新、显示库存状况，以便于让中国卖家掌握实时情况。

基于海外仓运作模式，其费用由头程费用、仓储及处理费用、本地配送费用三部分组成：

海外仓费用＝头程费用＋仓储及处理费用＋本地配送费用

（1）头程费用：中国卖家将货物从中国运送到海外仓产生的费用。

（2）仓储及处理费用：货物从买方国港口到海外仓的运费，以及货物在海外仓的仓储费用。

（3）本地配送费用：在买方国对客户商品进行最后一程配送产生的本地物流费用。

10.3.2　海外仓优劣势分析

对于跨境电商卖家而言，海外仓是拓宽产品品类、提高销售利润、完善客户体验的对策之一。但由于海外仓对卖家的运营要求较高，所以企业在尝试海外仓之前，要针对自营产品情况，对海外仓的优劣势进行全面的分析。

1. 海外仓的优势

（1）提升用户体验。

海外仓具有更快的配送速度：海外客户下单后，由海外仓进行本地配送，可以极大地提升发货速度。如一个包裹从中国发出往往需要15天左右，而海外仓发出只需3～7天。

海外仓提供更好的售后服务：海外客户一旦出现退换货服务需求，直接退到海外仓库即可，免除了国内外来回的时效及成本。

（2）降低物流成本，提升产品利润。

相较于直邮等方式，海外仓对头程配送的时效性要求更加宽松，因此可以采用海运等方式降低成本。同时，基于成本和用户体验的考量，海外仓也可以为企业带来更高的利润。

据eBay透露，海外仓售价相比非海外仓可以高出50%以上，同时海外仓的销售转化率也比非海外仓高出3～5倍。

（3）拓展产品品类。

由于直邮运输方式的限制，跨境电商中的大多数产品都是体积小、重量轻的产品，如3C类产品、服装类产品。

通过海外仓，跨境电商卖家可以极大地拓展产品品类，特别是重量大、体积大、使用期限较长（非快消类）的产品。如家具、机电设备、大型宠物用品等。

2. 海外仓的劣势

（1）仓储成本。

海外仓虽然在跨境物流上有许多优势，但在使用海关仓时，企业首先需要支付海外仓的仓储费用，不同国家、地区仓储费用也不相同，跨境卖家需要计算成本。在使用海外仓储的时候，要与目前发货的方式成本做一个对比。通常情况下，在旺季选择海外仓发货其操作难度会更低。

（2）运营要求。

海外仓是在一定库存的基础上进行销售，对库存周转率的要求较高。所以，不是所有的产品都适合做海外仓，盲目铺货容易形成压货。同时，海外仓在供应链管理、库存管控、动销管理等方面对企业也有着十分高的要求。

10.3.3　主流海外仓模式介绍

1. 出口易

出口易定位为“跨境电商全程物流方案提供商”，是贝法易集团旗下公司，总部位于广州。出口易的核心业务是海外仓储，同时还通过整合全球物流网络系统，为跨境电商卖家提供邮政小包、商业快递、专线物流等在内的物流服务及本地化售前售后服务，可以帮助跨境电商卖家解决订单管理、金融融资等难题。

目前，出口易已经在英国、美国、德国、澳大利亚、俄罗斯、加拿大等6大主流外贸市场设置海外自营仓储物流中心。同时，出口易也是eBay、PayPal、亚马逊、Wish、BellaBuy与全球速卖通重点推荐的物流服务供应商。

出口易是我国布局最早的几家海外仓储企业之一，目前占据国内企业提供海外仓服务市场中50%左右的份额。

2. 递四方

递四方隶属于4PX，是老牌跨境电商物流提供商，为全球跨境电商企业和品牌制造商提供电商全程服务。目前，递四方拥有3大类、50余种物流产品和服务，全面覆盖物流、仓储服务，以及反向物流解决方案，能够满足不同类型和不同规模跨境电商的需求。

截至2014年年底，递四方在英国、法国、西班牙、德国、意大利、日本、韩国、澳大利亚、美国、中国香港、新加坡、马来西亚等国家和地区拥有超过20个全球订单履约仓库和集货中转中心，拥有超过2 000名专业物流服务人员，在中国内地建立了50多个直营网点，日处理电商订单量超过40万件。

订单宝是4PX利用其行业领先的WMS系统为卖家量身定做的集采购管理、仓储管理、订单管理、库存管理、物流配送管理于一体的仓储外包服务。电子商务卖家只需要把货物寄存在4PX分布在全球的仓库，由4PX完成入库质检、货物上架、库存管理、接收订单、订单分拣、订单复核、多渠道发货等所有物流环节的操作。

同时，递四方还是eBay、PayPal、亚马逊、阿里巴巴等机构的全球物流合作伙伴，目前服务的活跃跨境电商商户超过3万家。

除出口易和递四方之外，其他海外仓服务商还包括万邑通、易达仓储、百世物流，也有专门针对俄罗斯跨境电商市场的俄速通、厦门旺集和XRU等。

10.4 其他物流解决方案

伴随着跨境电商的迅猛发展，跨境物流的市场越来越大，并呈现出与传统国际物流不一样的特征。跨境电商企业为了响应用户体验的高要求，对一站式的高效物流解决方案需求越来越强烈。为此，阿里巴巴、亚马逊等互联网企业，以及各种类型的企业都开始进入到跨境电商物流领域，致力于为企业和用户提供更好的解决方案。

10.4.1　阿里巴巴

基于阿里巴巴的生态圈战略，阿里巴巴正在不断收集分析产业、市场、客户的各类物流服务需求，通过与社会物流公司合作共建的方式，从总体的国际贸易数据、具体的航线分布，乃至细分行业的物流成本占比等各个角度，不断挖掘客户价值，解决多个层面上的物流问题。

1. 一达通：为B2B客户提供一站式国际贸易物流服务

阿里巴巴旗下的一达通平台为B2B客户提供透明、便捷、安全、可信的一站式国际贸易物流服务，包括海运、空运、陆运和国际快递。

（1）海运。

阿里巴巴海运联合各大物流服务商，为客户提供海运整柜（FCL）、拼箱（LCL）服务，可以实现在线查询船期、订舱、操作。同时提供集港拖车、报关，散货还有目的港送货到门等增值服务。一达通海运结合自身的通关、退税、外汇等服务，极大地为客户简化了出口流程。

目前，一达通已开通上海、宁波、深圳、天津、青岛、厦门、广州等八大起运港。海运整柜已基本全航线覆盖，如欧地线、中东印巴线、东南亚线、日韩线、澳大利亚线、非洲线、美加线、中南美线。海运拼箱服务开通了中国台湾、日、韩、东南亚、欧地黑、美、加、澳大利亚、中东、印巴、南美等航线。为更全面深入地支持跨境电商和国际贸易，更多航线正在开通中。

（2）空运。

阿里巴巴空运与全球优质空运服务商合作，提供在线查看空运运费、在线比价、在线下单等服务。

目前，阿里巴巴已实现北京、上海、杭州、广州、深圳多城市起运，航线覆盖170个目的国和区域；同时配有拖车、报关等服务，满足客户的个性化需求。

目前，全球顶尖的空运服务商Kuehne＋Nagel（德迅）和DHL Global Forwarding（DGF）已经入驻阿里巴巴。Kuehne＋Nagel（德迅）在线提供空运门到门服务。DHL Global Forwarding提供三种报价，满足不同时效需求。

（3）陆运。

阿里巴巴陆运服务包括内地香港运输、集港拖车和中俄欧陆运。其中，内地香港运输提供珠三角出口至香港的送货到门服务，同时承接各地送货至深圳仓库集中发货到香港。

通过阿里巴巴陆运服务，可以在线查询、下单和支付并及时监控货物流转状态，其价格、时效真实有效，拼车价格低至0.5元/千克，当天入仓当天派送。状态在线实时更新，货物零风险（赠送最高10万元货运一切险，零免赔额）。集港拖车服务依托阿里巴巴一达通外贸出口的综合服务优势，提供有运力保障的集装箱拖车服务。

中俄欧陆运可实现全国至俄罗斯的门到门服务，节省时间，通关安全，运价透明。服务具备三大特色：①领先的车辆监控技术，保货物安全抵达；②整合了优质的运输服务，使得卖家可以合理规划降低成本；③承运车辆资源充足，可以满足旺季运力需求。

（4）国际快递。

除海陆空物流之外，阿里巴巴还提供极具竞争力的国际快递服务。阿里巴巴与国际知名快递品牌合作，在完成线上下单支付后，提供快递公司上门取件服务。运费低至1.1折，北美平均3个工作日投递，支持全国36个城市上门取件服务，航线覆盖200多个目的国。

目前支持上门取件的国际快递服务商有UPS和FedEx，客户在线查询报价时输入所在发件地精确到街道的邮编即可查询。此外，阿里巴巴还提供仓到门的快递服务，现已在上海和杭州拥有仓库，可以集货后发往国际目的地。

2. 全球速卖通：联合菜鸟网络为B2C客户提供无忧服务

阿里巴巴旗下全球速卖通联手菜鸟网络推出AliExpress无忧物流，大大提升了B2C客户在北美、南美、欧洲等地的包裹投递。这是阿里巴巴全球化战略的一次能力提升，也是菜鸟网络跨境物流能力更加成熟的标志，将帮助中国卖家更加顺畅的走向世界。

（1）北美。

针对全球速卖通发往美国的小件物品，菜鸟网络推出了无忧物流美国专线。目前已经开通深圳、香港、上海三个口岸城市同步航班至美国各个站点，再由美国邮政派送至美国全境邮局可达的区域。

菜鸟网络通过与合作伙伴实现系统内部互联，一单到底，国内快速预分拣，快速通关，快速分拨派送，全程无缝可视化跟踪。还可以调整航班资源一程直飞美国各站点，快速中转，避免旺季爆仓。

菜鸟网络承诺，正常情况下，美国全境派送时间最快可达3～7个工作日。

（2）欧洲。

菜鸟网络同时提升了对欧洲重点国家的物流服务。

西班牙和英国专线实现了平均13天送达西班牙、平均9天送达英国之后，菜鸟网络新推出标准挂号服务，立足于英国和荷兰，服务覆盖法国、意大利、荷兰等重点西欧市场。菜鸟网络承诺，通过该服务从中国发往法国、意大利、荷兰等国家的包裹能达到5～10个工作日即可投妥。

据悉，菜鸟网络即将推出无忧优先服务覆盖全球超过150个国家和地区，为全球速卖通卖家提供更为快速的物流方案。

（3）南美。

无忧物流南美专线则实现了平均15天送达，比普通邮政渠道快一倍，让中国卖家有更多的机会深入到巴西、智利、墨西哥、哥伦比亚等市场。

10.4.2　亚马逊

亚马逊在全球拥有109个运营中心，可跨国配送至185个国家和地区。在中国，亚马逊在13个城市设立了总面积约90万平方米的运营中心，可以为超过1 400个城市、区县的消费者提供当日达和次日达服务，是为中国卖家提供横贯中国、跨越全球的无忧物流配送服务的坚实保障。

2015年10月27日，亚马逊在中国组建了“亚马逊全球物流中国”，并同时向市场推出了以“亚马逊物流＋”为品牌的五大服务产品，包括：仓储物流整合方案、运输配送方案、跨境物流服务、仓储运营方案及定制化的物流方案。

1. 仓储物流整合方案

无论是销售给个人消费者还是商业客户，无论是做电商业务还是线下实体业务，客户都可以通过亚马逊物流网络与智能系统，来更好地管理货物仓储、配送以及售后支持，提升其客户体验。仓储配送一站式集成方案是涵盖了上门取货、仓储、运输、配送与客服等一体化的整合方案。

2. 运输配送方案

基于覆盖全国的干线运输网络，亚马逊物流不仅面向中国的客户提供包括上门提货、卡班城际运输与最后一公里配送等一站式运输配送方案，同时还能针对客户的需求，按需定制运输配送解决方案与各种运输相关增值服务（如E-POD和信用交接等），帮助客户优化运输配送网络与运营成本。

3. 跨境物流服务

亚马逊构建了内部的完美生态圈，可以无缝衔接亚马逊销售与物流网络，还能为非亚马逊平台的客户提供国际多式联运的物流服务，包括海运、空运、国际快递、船务代理、仓储及配送、码头服务、清关服务等。依托于亚马逊全球物流运营网络、高科技的精准核算，以及受益于亚马逊全球的规模优势，可以给用户提供低成本、高时效的服务，使商品通达全球。

4. 仓储运营方案

“亚马逊物流＋”的仓储运营方案，面向有商品物流需求的客户提供库房代运营服务，包括商品存储、订单配货、打包与发货等服务；无论是世界500强品牌制造商，还是互联网上广大的中小电商卖家，亚马逊都能满足不同客户对仓储运营安全、高效、低成本的需求。

5. 定制化的物流方案

亚马逊物流除了为客户提供仓储物流整合方案、运输配送方案、仓储运营方案及跨境物流服务等相关服务以外，还可以根据客户提出的具体业务需求，为其灵活打造一套最合适的物流解决方案（见图10－3）。

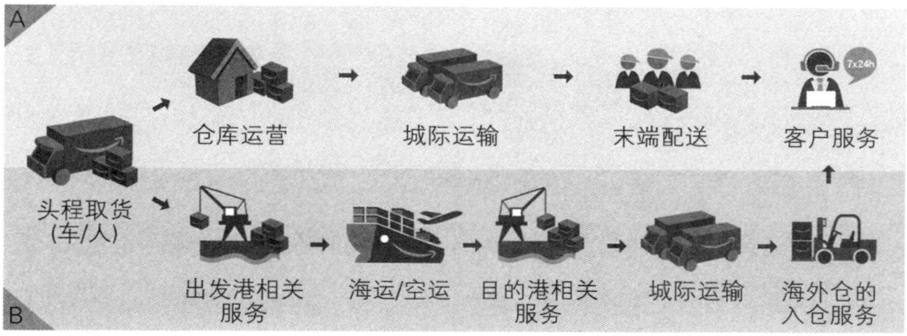

图10－3　亚马逊定制化的物流方案

亚马逊FBA模式

FBA是亚马逊提供的代发货服务，企业把货物发往FBA仓库，亚马逊提供包括仓储、拣货打包、派送、客服、退货处理的一系列服务。对于在亚马逊上从事跨境电商的企业而言，建议使用FBA服务。尤其是在欧洲市场，FBA之外的其他物流往往时效性差、费用高，如果买家无法在7～10天内收到包裹，会严重影响店铺的评分。

FBA模式的优点有：①提升客户体验，FBA模式可以提供更好、更快的物流配送，7×24小时的客户服务热线，解决卖家的客服问题；②增加销售，使用FBA模式的产品可以提高亚马逊产品排名，增加产品的曝光率。

FBA模式的缺点有：①成本较高，尤其是仓储费用；②无法为卖家的头程发货提供清关服务。

10.4.3　其他解决方案提供商

1. Flexport：全程可视、可控的互联网货代公司

Flexport是一家定位成互联网时代的货代公司，通过软件提供全方位的贸易服务使得客户可以获得整条供应链上的可视性和控制。其服务包括海运、空运、陆运、仓储、清关、报关、质检等国际贸易所需的全面服务。

Flexport目前的服务对象包括几家上市公司，更多的是一些硬件初创公司，如可穿戴设备、物联网、3D打印、路由器等，它们通常会有把原材料或由代工厂生产的成品从中国寄到其他国家的需求。Flexport做的是，在平台上整合了货运过程的每个环节，通过引入2～3个业界前十名合作伙伴的服务，为用户提供明码标价的一整套解决方案。

目前，Flexport在全球105个国家有300多个供应商，包括当地的卡车公司、物流中心、航空公司、海运公司和其他货运代理商。系统也会根据这些供应商的运货频率和付款记录来建立它们的信用数据库。

2. Kontainer：门到门预定航运舱位和实时追踪平台

Kontainer成立于2014年，总部位于纽卡斯尔，是一家可以实现线上门到门预定航运舱位和实时追踪平台。在英国费利克斯托（Felixtowe）和南安普敦（Southampton）港口到中国和美国的各大港口的航线可以拿到具竞争力的价格。

通过Kontainer，可以实现“一分钟报价，五分钟订舱”（传统模式下至少30小时，几天是常有的事）。2015年，Kontainer和INTTRA合作，整合了Ocean Schedule Data Feed（海洋计划数据提供）服务，使得其用户可以从35个世界最大的船运公司提供的超过1 200万条航班网络中进行搜索和选择。

3. INTTRA：全球最大的海运电子商务平台

2000年10月，马士基海陆与英国和荷兰联营的铁行渣华（Royal P & O Nedlloyd）、德国的汉堡南方（Hamburg Sud）、瑞士的地中海航运（MSC）和法国达飞（CMA CGM）组成世界集装箱运输市场中的第一个以“INTTRA”命名的集装箱承运人联合体。该联合体的首要目标就是以免费网站为基地，为全球集装箱运输的客户提供强有力的一站式商业运输服务。

通过INTTRA，用户可以在互联网操作、控制、申请、询问或者监督集装箱运输的单证信息、集装箱或者其他运输业务在供应链上的动态，还能在网上访问联合体的其他远洋承运人和贸易合伙人。

INTTRA成员包括以马士基为首的全球30家主要船公司，每星期透过INTTRA交易平台所处理的集装箱订单超过30万个，占全球海洋集装箱交易量逾一成以上。

INTTRA可以理解为一个综合的海运电子商务门户，为托运人、收货人、承运人等提供开放的业务信息。比较常见的应用是通过INTTRA进行网上订舱、货运追踪。由于INTTRA使用统一的EDI（电子数据交换）标准，使得用户通过INTTRA同时获得多家船公司的船期、舱位信息，进行网上订舱。

10.5 跨境电商物流的困境及未来

10.5.1 跨境电商物流的困境

从物流角度来看，跨境电商还是国内电子商务的初级版本。相较国内快递网络，国际商贸物流体系还无法适应跨境电商的发展需要。迄今为止，大部分跨境电商物流还是只能依靠邮政物流体系完成，跨境电商物流依旧存在种种弊端。

1. 配送周期长

跨境电商交易双方地理距离远、分隔不同国界、需要清关商检的特点，使得跨境电商物流的产业链和环节非常长。Focalprice的客户满意度调查显示，跨境电商买家的抱怨主要集中在物流方面，而配送周期过长又是海外客户抱怨的重点。

正常情况下，一个俄罗斯的客户从全球速卖通下单，往往2个月之后才能收到商品。使用中国邮政小包发往俄罗斯、巴西等地，普遍的送达时间在40～90天，使用专线物流稍微快些，但也需要16～35天。在eBay平台上，通过e邮宝发往欧美的货物一般是7～12天。

2. 物流成本高

由于跨境电商物流涉及跨境贸易和跨境物流，包括国内物流、国内海关、国际运输、国外海关、国外本地物流等多个环节，所以跨境电商物流的操作难度和风险较高，成本一般占跨境电商总成本的15%以上。

3. 商品可追溯性差

与国内电商物流不同，在国外段的跨境电商物流是难以追踪的（见图10－4）。在物流较为发达且语言方便的国际及地区，还可以针对商品进行一定程度的追踪查询；但在一些小语种国家及物流行业较为落后的国家，如俄罗斯、巴西、西班牙，由于语言问题及当地物流信息化体系的缺失，商品追溯的难度是比较大的。

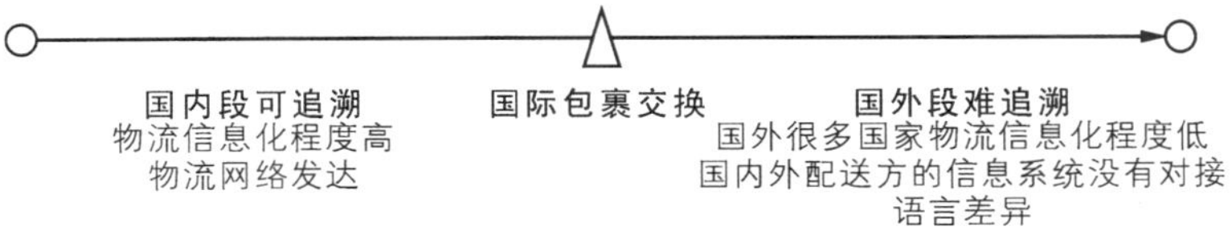

图10－4　跨境电商物流追溯困境示意图

4. 难以实现的退换货服务

任何的商业贸易，都不可避免地存在退换货的问题。然而，当下的跨境电商物流模式（邮政物流、商业快递、专线物流）都难以支持企业提供退换货服务。原因是：

（1）跨境电商物流周期长。本身发货配送往往就需要数周时间，如果再进行退换货，物流周期可想而知。

（2）二次物流成本高。即使海外客户能够接受卖家提供的退换货服务，企业也需要付出高昂的成本。同时对于卖家而言，退换货意味着进出口行为的产生，可能遭到海关的查验，甚至缴纳关税。

10.5.2 国家支持与跨境电商物流

跨境电商物流不适合传统国际贸易规则，传统国际贸易下政府针对物流的管理模式往往成为阻碍跨境电商快速发展的屏障。例如，跨境电商物流往往覆盖个人，而传统国际贸易并不需要，其关税税率对货物和个人物品是有区别的，跨境电商包裹是按个人物品还是货物计算，在很长时间内都有争议。

伴随着跨境电商的迅猛发展，国家针对跨境电商的法律法规、支持措施越来越完善。

2012年，国家发展和改革委员会下发《国家发展改革委办公厅关于组织开展国家电子商务示范城市电子商务试点专项的通知》，允许在杭州、上海、宁波等地开展跨境电商货物集中申报，大幅提升了跨境电商物流效率。

2015年10月20日，《中国（杭州）跨境电子商务综合试验区海关监管方案》通过了海关总署的批准，杭州启动了全国首批跨境电子商务B2B出口试点。根据方案，杭州海关将对跨境电子商务实行“清单核放、集中纳税、代扣代缴”的通关新模式，实现跨境电商进出口B2B、B2C试点模式全覆盖，同时申报模式将更加简化。

2016年的政府工作报告中，李克强总理重点讲道：“扩大跨境电子商务试点，支持企业建设一批出口产品‘海外仓’，促进外贸综合服务企业发展。”国家发展跨境电商的核心手段之一，就是通过推动海外仓的建设推动跨境电商物流的发展。

2015年年初，浙江省商务厅确立了首批跨境电子商务公共海外仓，分布在美国、俄罗斯、澳大利亚、阿联酋等11个国家。在《浙江省跨境电子商务发展三年行动计划》中，也提到了浙江要在2017年累计建成覆盖全球五大洲主要出口国家的60个公共海外仓。

未来，在国家的大力推动下，跨境电商物流的壁垒将被逐一攻破，跨境电商物流将迎来更加黄金的发展期。

10.5.3　大数据与跨境电商物流

大数据将逐渐成为现代社会基础设施的一部分，就像物流行业中的公路、铁路、港口、水电和通信网络一样不可或缺，在跨境电商物流领域内，主要体现在以下几个方面。

1. “指挥系统”大升级

伴随着手持终端设备的开发、移动互联网及APP的不断成熟，物流企业内部运作实现信息同步，其分拣中转、装卸运输、揽收派送等环节更加协同有效。同时，大数据的应用，使得电商与物流企业、物流企业与物流企业之间形成联动机制。

在物流园区，经常可以看到大量的车辆在园区停车场等候，有时候甚至需要两三天配货，大大浪费了资源。未来，通过运力池的大数据分析，公共运力的标准化和专业运力的个性化需求之间可以产生良好的匹配，同时，与企业信息系统也会全面整合与优化。基于大数据实现车货高效匹配，不仅能减少空驶带来的损耗，还能减少污染。大数据的应用能有效解决公共信息平台上没有货源或货源信息虚假的问题。

2. 物流系统“智慧化”

物流的过程，是产品从生产商到终端消费者手中的流通过程。跨境电商3.0阶段，发生改变的不仅仅是物流的“流动”，更重要的是如何实现“少流动”或者“不流动”，这背后是商品流通体系的升级。

智能分仓技术的不断成熟，将改变现有的物流模式，做到货物“不流动”，数据在“流动”，极大地提高了效率，降低了成本。同时，大数据作用凸显，预测指导电商商家库存前置，以最低成本将货物运输到目标消费国（即海外仓），实现终端消费者下订单后，从最近的仓库流出，完成最后一公里的配送，解决了跨境电商物流周期过长的问题，极大地改善了消费者的跨境电商客户体验。

3. 模式工具“智能化”

伴随着大数据技术的不断发展，物流社会化应用日新月异，从亚马逊推出的出租车顺路送货，到DHL在瑞典试点的众包模式“路人送货”，这些都是典型案例。

除模式越来越智能化之外，物流各个环节也越来越智能化。在运输环节，谷歌、DHL、UPS、顺丰都自行开发了载货无人机，德国甚至已经开始投入应用；在仓储环节，亚马逊的KIVA拣货机器人标志着电商仓储管理已经进入新时代；各国配送机器人项目也在研发中。

未来，随着跨国铁路、大型高速船舶、绿色航空、智能交通、智能仓储、新材料技术、节能环保技术，特别是物联网、现代管理科学技术等在物流领域的推广和应用，在与互联网、大数据、云计算的深度融合，物流将更加“智慧化”“智能化”，更好地满足跨境电商的发展。与之相对应，相关政府部门也要不断优化行业管理、运营、市场等环节，用互联网思维思考，构建高效透明、信息对称、价格公开的社会化现代物流体系。

第十一章　跨境电商品牌

要点提示

1. 品牌化是跨境电商时代的必然趋势，跨境电商为中国企业打造全球品牌提供了宝贵机遇。
2. 塑造跨境电商品牌，企业要做到精准定位、微创新、本土化。虽然最终不是所有企业都能成功塑造品牌，但品牌化的理念应该植入所有企业的基因之中。
3. 全网营销是跨境电商品牌化的重要手段，在产品的基础之上，跨境电商企业要以品牌为导向，进行包括官网、搜索引擎、社交平台、电子邮件等方式在内的全渠道推广。

11.1　跨境电商品牌的背景

很多企业通过跨境电商，弯道超车，找到了发展机会。但在高速成长的过程中，“山寨文化”仍然是主流，大量的白牌产品以低价的形式销售，随之而来的是跨境电商企业利润的不断下滑。跨境电商的未来是品牌产品的天下，只有回归产品，以品牌为纽带加深与用户的沟通，企业才可能在竞争越来越激烈的商业社会中实现可持续的发展。

11.1.1　两个误区

1. 品牌≠商标

很多企业经常混淆商标和品牌两个概念，认为注册商标后就建立了品牌。其实，商标和品牌是两个不同的概念。

商标的所有权掌握在注册人手中，商标注册人可以转让、许可自己的商标，可以通过法律手段打击侵犯自己商标使用权的企业。而品牌根植于用户的心中，其巨大的价值、市场感召力来源于用户的信任、偏好和忠诚。

中国是一个商标大国，但却是一个品牌弱国。2016年BrandZ品牌价值报告显示，全球最有价值的百大品牌中，中国仅有14个公司入榜。2016年全球最有价值的10大品牌见表11－1。

表11－1　2016全球最有价值的10大品牌

排名	品牌	行业	品牌价值（百万美元）	变化幅度（相较2015年）
1	谷歌	科技	229 198	1
2	苹果	科技	228 460	－1

（续表）

排名	品牌	行业	品牌价值（百万美元）	变化幅度（相较2015年）
3	微软	科技	121 824	0
4	AT&T	通信	107 387	2
5	Facebook	科技	102 551	7
6	VISA	支付	100 800	－1
7	亚马逊	电商	98 988	7
8	Verizon	通信	93 220	－1
9	麦当劳	快餐	88 654	0
10	IBM	科技	86 206	－6

数据来源：2016年BrandZ品牌价值报告

2. 品牌≠大公司才能做

很多中小企业认为，做品牌是大企业的事情，自己既缺乏资金实力，也缺乏专业团队。放在传统的国际贸易背景下，这样的思路并没有错，由于品牌化的打法、模式都已经十分成熟，能否成功塑造品牌更多取决于企业的实力情况和团队的专业程度。

跨境电商背景下，品牌塑造模式发生了巨大的变化。

在互联网技术的推动下，人与人的沟通方式发生了变化。2012年谷歌与市场调研公司Ipsos及Sterling Brands联合发布了《新多屏时代：了解跨平台消费者行为》报告，指出90%的消费者会不断在多种电子产品（如智能手机、电脑、平板电脑或电视）之间切换，来完成一件事情。

沟通方式的变化，所带来的是品牌玩法的变革。目前，以Facebook为代表的社交平台成为塑造品牌的重要渠道，以众筹为代表的互联网模式成为塑造品牌的重要模式。同时，新玩法下塑造品牌的成本也在不断下降，好的内容和适宜的玩法比资金实力往往更重要。

因此，在跨境电商时代，脱离了资金实力的桎梏，面对日新月异的玩法，只要肯下功夫、勇于探索，中小企业也可以塑造自己的品牌。

11.1.2　跨境电商品牌的意义

1. 塑造跨境电商品牌的原因

伴随着中国综合成本的不断上升，基于成本优势的传统国际贸易模式已经难以为继。对于将产业留在国内（即没有将产业进行转移）的传统企业而言，品牌化是长远来看的必要选择。

反观跨境电商，在经历了几年的快速发展之后，也逐渐进入品牌化阶段，其原因如下：

同质化的产品利润越来越低，价格战越打越烈。在价格战背后，往往产品品质不断降低。如鼠标行业，假设正常的出厂价是12元，在基本保证性能的前提下，节省成本只能从材料端下功夫：把1.5米的线缩短至0.8米，鼠标底座不喷漆，包装不彩印等。产品品质的下降无法支撑企业的可持续发展，最终只会毁掉企业自身和中国制造的口碑。

平台规则不断向品牌化倾斜。跨境电商B2C领域，无论是全球速卖通、亚马逊、eBay，都针对品牌产品提供更多的资源倾斜与政策保护。

以亚马逊为例，同类产品的竞争中，自建Listing并拥有良好客户口碑的企业，基本上可以垄断大部分流量。

因此，对于致力于在跨境电商领域长期发展的企业（特别是拥有产品能力的制造业企业）而言，品牌是一个躲不开的话题，只有打造出自己的品牌，才可能实现企业的可持续发展。

2. 塑造跨境电商品牌的价值

传统的国际贸易中，中国企业往往作为OEM或者ODM加工角色存在，没有自己独立的品牌体系，消费者不能正确地认知产品的真正生产商。而建立自己的品牌，有助于消费者准确认知产品和其生产厂家，占领消费者心智。除此之外，建立自有品牌，还有利于企业：

（1）扩展国际市场。

国际市场（特别是发达国家）往往对产品品质有较高的要求。品牌化意味着企业对产品品质有信心，有利于增加中国企业和用户之间的信任度，从而对企业拓展国际市场发挥重要的促进作用。

（2）享受品牌溢价。

相比于白牌产品，用户往往愿为品牌产品支付更高昂的价格，这将为企业带来品牌溢价。虽然我国大多数企业的品牌化仍处于发展初期，无法获取像欧美大品牌一样高的品牌溢价。但从长远来看，中国一定会涌现很多全球产品品牌，媲美欧美大品牌，获得巨大的品牌溢价。

（3）获取法律保护。

与国内不同，以欧美为主的海外市场对品牌相关的专利、设计等保护力度较大。在品牌化的过程中，品牌名称可以通过注册商标获得保护，制造流程可以通过申请专利权获得保护，外观设计可以通过版权获得保护。这样就确保企业能够对这些知识产权进行安全投资，在抵御仿冒山寨等侵权行为的同时，从中获取长期利益。

11.2　企业的应对策略

11.2.1　精准定位

这是一个物质极其丰富的世界，在过去几十年间，几乎每个品类可选择的产品数量都有了出人意料的增加。这是一个信息爆炸的世界，借助互联网工具，用户可以极其方便和快捷地获取海量的产品信息。

在这样的背景下，中小跨境电商企业若想塑造品牌，在竞争中胜出并长期赢得客户，唯一的方法就是找准定位，聚焦于某一垂直细分领域，在不断打磨产品的同时，增强与用户的交互，最终占领用户的心智。

彭总是“80后”，2011年在深圳创建了科安硅胶制品有限公司（以下简称“科安硅胶”），主要为国外品牌提供以硅胶制品为主的OEM代工服务（如奶嘴、奶瓶、分装瓶、牙胶等）。创建之初，科安硅胶的日子并不好过。受全球经济下滑的影响，代工市场比较萧条，科安硅胶创立的前两年连续亏损。

2013年，在深圳网贸会（原鹏城网商会）的影响下，科安硅胶重新制定企业战略，精准定位，聚焦“硅胶婴儿安抚类饰品”和“硅胶户外旅行类产品”，推出Kean、MyFriday品牌，从产品端发力，在用户需求的基础上不断对产品进行迭代。2015年，科安硅胶成长为“硅胶婴儿安抚类饰品”和“硅胶户外旅行类产品”领域的隐形冠军，产品占有率稳居市场第一，其净利润水平更是惊人地达到了25%以上。

图腾体育用品（深圳）有限公司（以下简称“图腾体育用品”）成立于2004年，主要的产品是专业运动服，主要的客户是国际知名的各种体育类组织（如美国高尔夫球协会）。图腾体育用品的客户100%来自线上，80%来自阿里巴巴国际站。

图腾体育用品是深圳网贸会的会长企业，是深圳“隐形冠军”的代表性企业。2015年，图腾体育用品营业规模为5 000万元，行业内占有率多年稳居第一，净利率在35%以上。

耀眼业绩的背后，是图腾体育用品一直坚持的精准定位：图腾体育用品聚焦“专业运动服——热转移印花”领域（主要应用于如NBA球服等专业领域），多年如一日不断对生产设备进行迭代改善，保持行业无可争议的领先地位。图腾体育用品预计在2015年年底可以实现所有设备的数据化和标准化，与线上消费数据直接对接，初步打通C2M（顾客对工厂）模式，实现生产设备的智能化。

11.2.2　微创新

跨境电商破除了中国企业与海外用户之间的屏障，为企业微创新提供了土壤。通过跨境电商，中国企业可以获取用户的真实需求，从而依托自身的制造能力，不断微创新，为用户提供更能满意的解决方案。

在跨境电商平台上（特别是竞争激烈的品类领域），微创新往往可以实现：①通过差异化，吸引更多客户的目光，增加产品的曝光率；②提升用户的印象，加强品牌的认知程度。

因此，对于缺乏颠覆式创新能力的广大中小企业而言，点滴积累的微创新是塑造自有品牌的重要方法。

荣耀电子成立于2011年，位于广州市，主要从事高端越野车改装灯的生产和销售，其客户主要来源于欧美。汽车照明领域是一个技术快速变革的领域，荣耀电子自2014年年底开始，聚焦LED改装灯领域，通过跨境电商平台不断收集用户的各种微需求，并有针对性地进行微创新，不断改进产品。

2015年下半年，在新一代LED改装灯产品推出后，荣耀电子从网上发现海外客户经常抱怨“一开灯收音机就有很大的噪声”，经过工程师团队检测后，发现这是由于LED线路电磁干扰收音机信号的原因，于是荣耀电子有针对性地进行了改良，推出了市面上“第一款屏蔽电子干扰的LED改装灯”产品，获得客户的一致好评。2015年，荣耀电子实现了4 000万元的营业收入，LED改装灯的市场占有率快速提升。

与荣耀电子类似，科安硅胶也通过不断的微创新，在实现更高业绩的同时提升了品牌的知名度。科安硅胶对已有的旅行类分装瓶进行了多次升级，其中，针对美国"猫头鹰文化"专门设计了双吸头的分装瓶，既符合美国人的文化习俗，又使分装瓶可以牢靠地吸附在玻璃或光滑的墙面上。科安硅胶推出新型分装瓶后，在美国市场大卖，受到了消费者的一致好评（见图11-1）。

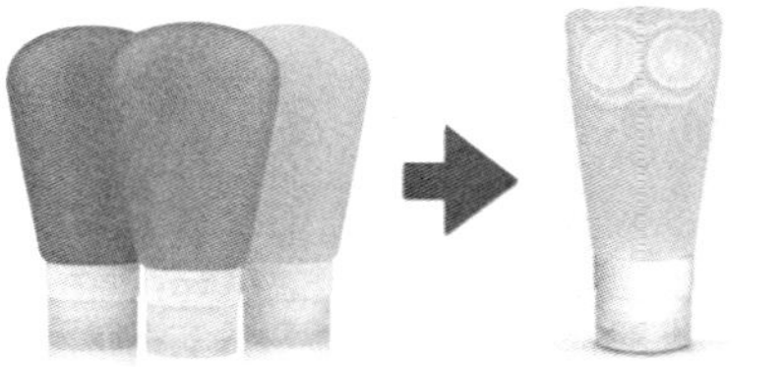

图11－1　科安硅胶的微创新

11.2.3　本土化

进入中国市场的欧美跨国公司，凡是团队没有实现本土化的，大部分都失败了。同理，进入海外市场的中国跨国公司，仍坚持只使用中国人团队的，大部分也都失败了。其实，这背后的道理很简单：最了解目标国家用户需求的、最了解目标国家用户行为方式的，只有目标国家本地人。

因此，对于想在海外塑造品牌的中国企业，本土化是必经之路。中国企业只有秉持开放、协作、共赢的态度，与大量的目标国家专业团队（如设计团队、营销团队、物流团队等）建立紧密的关系，深耕海外本地市场，才可能建立真正的全球品牌。

朗维国际，定位为“海外集客营销专家”，致力于帮助中国企业实现海外本土化营销，增加中国企业的产品附加值及利润空间。

通过多年的积累，目前朗维国际已经整合了来自欧美的30多家设计、营销、交互领域的专业公司，组建了包括多名国际专家在内的中国支持团队，帮助包括雅戈尔集团、杉杉集团、迪麦格、盛世龙图在内的上千家企业实现了高达千亿元的利润增长。

11.2.4　品牌与品牌化

跨境电商时代，伴随着人类沟通方式的变革和沟通成本的快速降低，中国企业获得了塑造全球品牌的机会，但这不等于所有企业最终都能够建立起自己的品牌。

塑造品牌的过程是漫长的、充满坎坷的，没有企业可以做到品牌一经推出，就获得品牌价值，塑造品牌需要企业下定决心、坚持不懈；塑造品牌是需要持续投入的，不仅仅包括金钱，还包括人才、资源等，而对于很多中国企业而言，当下仍处于寻找出路的阶段，缺乏相应的储备和能力。

不是所有中国企业最终都能建立自有品牌，但品牌化的理念应该植入中国企业的基因之中，应该贯穿到中国企业的经营之中。

企业要有明确的产品定位、品牌定位、经营理念，要善于聚焦，将核心优势兵力集中在一个战场上。特别是对中小企业而言，一定要找到属于自己的垂直细分领域，这不仅仅关乎品牌，还决定了企业的可持续能力。

企业要回归商业本质，在产品上下功夫。企业要学会针对用户的实际需求，通过微创新的手段，不断对产品迭代升级。这不仅有利于企业塑造品牌，还可以帮助企业有效地提升利润。

企业要持续重视用户，创造良好的用户体验。企业要学会因地制宜，面对不同国家的用户，采用有别的设计、针对性的营销、快捷有保证的物流，最优化地满足其需求。本地化不是所有企业都可以在现阶段实现的，但其背后的逻辑是所有企业都应该掌握的。

11.3 跨境电商全网营销

全网营销是全网络整合营销的简称，有利于企业解决品牌形象提升、销售市场规范、整体销量促进、客服体系完善、分销渠道梳理等一系列问题，在中国企业塑造跨境电商品牌的过程中扮演着十分重要的角色。

目前，全网营销在境内电商领域发展迅猛，而跨境电商由于海外用户文化习惯的差别，在全网营销上表现出了很多不同的特征。

比如，与境内用户习惯于从天猫、淘宝、京东等电商平台上发起购物不同，海外用户（无论是B类客户还是C类客户）更习惯于从搜索引擎、社交媒体搜索之后，通过链接跳转至相关购买页面。这要求中国企业在进行跨境全网营销时，要尤其注意企业官网的建设，注重搜索引擎和社交媒体的引流。

比如，对比境内用户习惯使用微信、QQ等即时通信工具进行沟通而言，电子邮件仍是海外用户主要的沟通工具之一。这要求中国企业在进行跨境全网营销时，要注重与海外相关的专业公司紧密协作，积极开展邮件端的营销。

2003年，在创立泰兴电子厂之初，唐灵军就注册了自有的手表品牌，希望把中国品牌带向全世界。但是，由于传统国际贸易下塑造品牌的过程困难重重，而且起步阶段自身实力也不够强大，所以为了生存，在很长一段时间内，泰兴电子厂的业务以代工为主。

然而，代工市场的持续萎缩，不断提醒着唐灵军品牌之路的必要性。通过学习和聆听，唐灵军突然发现互联网背后巨大的品牌机遇，他开始深度思考自己的经营模式要如何改变。2007年，唐灵军注册了“WEIDE”品牌。之后几年，他开始在全球速卖通和阿里巴巴国际站上发力，并依托Facebook、Twitter（推特）等社交平台进行推广。在进入阿里巴巴国际站4个月之后，“WEIDE”成功进入同类产品行业前十，产品销往80多个国家。与此同时，带着互联网平等合作的思维，唐灵军还在海外展开了国家总代理商品牌共建的探索，设立销售政策，借力合作方落地品牌。

目前，唐灵军正在投资电影，以此推动“WEIDE”品牌营销。正是这样一套玩溜了的品牌策略，“WEIDE”在海内外的知名度持续提升。原本传统国际贸易下，需要几代人才能做完的品牌，在互联网高速发展的今天，也许变得只需要几年就可以塑造。

11.3.1 企业官网

大多数中国企业（特别是传统制造业企业）对官网定位有偏差、重视程度严重不足。这导致中国企业的官网更像是“门户网站”，以介绍老板魄力、公司战略、内部新闻为主。

在跨境电商时代，企业官网的作用十分巨大，这是因为：

（1）企业很难通过跨境电商平台建立自有品牌。跨境电商平台以销售为导向，如何“吸引流量并进行分发”是其主要的商业逻辑；品牌以认知为导向，如何“占领客户心智”是其主要目标，没有企业可以仅通过高超的销售技巧占领客户的心智。

（2）官网是“企业品牌形象的高地”，可以以客户习惯的方式（如针对性的语言、表述逻辑、表现方式等），更有效地向广大客户传达企业理念、产品特性、使用状况等。

建设企业门户网站，往往需注意以下几点：①设计与产品品牌风格的统一，从而通过企业官网为客户留下较为深刻的品牌印象。②用户体验。一方面要适应多应用场景的需求，例如电脑端、平板端和手机端因为不同显示屏幕大小而造成排版的不同；另一方面要增加语言的多样性，从而方便全球各地、不同语言的客户接受信息。③数据沉淀。官网的流量来源于哪些国家和地区、主要的询盘来自哪些国家和地区、之间的转化率情况如何等，都需要有所记录。

成立于1987年的黎明重工科技股份有限公司，是一家专业生产大中型破碎、制砂、磨粉设备，研、产、销三位一体的股份制企业。公司总部坐落于传统与创新交融的郑州国家高新技术产业开发区。公司长期与海外各国的交流和合作，不但使公司产品永葆国际最顶尖水平，而且赢得了广泛的国际市场，产品远销俄罗斯、哈萨克斯坦、阿塞拜疆、土耳其、科威特、南非、埃及、越南、马来西亚、印度、澳大利亚、朝鲜、加拿大等国家和欧盟地区。

作为一家大型机械加工生产销售企业，黎明重工特别重视企业网站（见图11–2）的建设。企业网站设计简洁大方，配色与企业标志相一致。同时，网站提供简体中文、英文、俄语、法语、阿拉伯语、西班牙语、葡萄牙语、越南语及日语等11国语言选择。网站同时提供24小时在线客服服务，方便客户咨询。

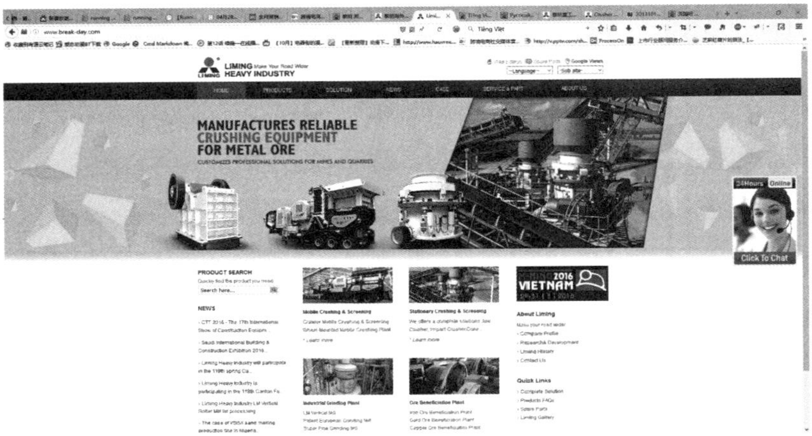

图11－2　黎明重工英文网页

美连科技成立于2002年，是国内最早从事电子商务开发及应用高新技术的几家企业之一。

2014年，美连科技启动疯狂网营项目，定位为“全网营销系统落地服务商”。疯狂网营主要提供的服务有：①官网搭建，疯狂网营通过开发“云官网”系统，帮助传统企业快速、简单、模块化地搭建自己的官网。官网的首要目的是品牌，品牌背后是营销，而不是简单扩大销售。②跨境电商品牌咨询，包括线上商业模式的设计、品牌策划等，配套有疯狂网营开发的与全网营销相关的一系列工具。2015年，疯狂网营项目实现营业收入2 000万元。

11.3.2　搜索引擎营销

搜索引擎是海外市场最大的几个流量入口之一，最常见的是谷歌，除此之外，微软必应（Bing）、雅虎（Yahoo!）、俄罗斯的Yandex等也是常用的搜索引擎（见图11－3）。

图11－3　常见的搜索引擎

搜索引擎优化（SEO）技术是提高搜索引擎搜索排名的最主要的技术手段。一般从网站技术、用户体验和网站内容三方面来进行优化。

网站技术主要是基于网站页面的因素，包括页面描述、H1标签等。几乎所有网站的页面都有页面描述内容，优质的页面描述有利于提高页面在搜索引擎搜索结果中的排名，从而提高用户点击率，增加流量。页面的H1、H2标签含有大量的页面信息，能够有助于搜索引擎爬虫抓取相关页面信息，同时改善用户体验。此外，域名中的关键词、网页HTTPS协议、URL地址长度、网站加载速度等因素都是影响搜索引擎排名的重要因素。

用户体验对于搜索引擎搜索排名有着越来越重要的作用，尤其是移动端，更看重用户友好程度。谷歌和必应这两大搜索引擎巨头都推出了自己的移动友好度算法，体现了用户体验对于网站搜索排名的重要性。网站用户体验主要是分为站点设计和可用性两大方面。站点设计包含很多影响因素，包括网站布局、字体、响应式设计等。可用性包括导航、内链、兼容性等方面。

网站内容是搜索排名的基础。没有好的内容，即使通过一定的技术使得网站暂时排名靠前，也不可能一直处于前列。近年来，国外搜索排名靠前的网站呈现出一种趋势，即以关键词为主的排名转向用户搜索习惯转变。但关键词依旧十分重要，但除此之外，还需要考虑网站是否符合用户的搜索、阅读习惯。

Google AdWords

Google AdWords是通过使用Google关键字广告或者Google遍布全球的内容联盟网络来推广网站的付费网络推广方式。其优势在于：一、精确地覆盖目标所在，可以面向在Google上进行搜索的用户投放广告；二、更全面的控制权，可以修改广告和调整广告预算，直到广告的效果令人满意为止；三、可衡量的价值回报，只有当有人点击广告时，才需要支付费用。

11.3.3　社交媒体营销

全世界有30多亿人在使用社交媒体，而这个数字还在以惊人的速度增长。大量的受众带来了巨大的机遇，社交媒体营销成为跨境电商品牌全渠道营销最重要的几大渠道之一。

有效的社交媒体营销不仅有助于企业品牌的建立，也对销售及企业的发展产生积极影响。Shareaholic通过在4个月内对全球30万家网站的追踪研究显示，社交媒体的推荐将会为一个网站贡献30%的流量。

在全球范围内，比较火的社交媒体主要有Facebook、Twitter、YouTube、Pinterest、Instagram等（见图11－4）。

图11－4　主要社交媒体

Facebook是全世界最大的几家社交媒体之一，拥有超过10亿的用户数量，允许用户发布信息并进行互动。同时，Facebook开放第三方接口，允许第三方应用接入。2014年开放付费广告业务，允许广告主投放广告。

Twitter是一家美国社交网络及微博客服务的网站，是全球互联网上访问量排名前十的网站之一，是微博客的典型应用。Twitter可以让用户更新不超过140个字符的消息。

YouTube是世界上最大的视频网站，2006年11月，谷歌以16.5亿美元收购了YouTube。截至2015年二季度，YouTube拥有超过10亿的用户，世界上所有上网的人群中几乎有三分之一的人每天在YouTube合计花费几亿个小时的时间观看视频。

Pinterest采用的是瀑布流的形式展现图片内容，无需用户翻页，新的图片不断自动加载在页面底端，让用户不断地发现新的图片，堪称图片版的Twitter。现在，Pinterest已经是全球热门社交网站前十之一。

Instagram是一款支持全平台智能手机的移动应用，允许用户在任何环境下抓拍下自己的生活记忆，选择图片的滤镜样式并分享至Instagram、Facebook、Twitter、Flickr、Tumblr、Foursquare或新浪微博等平台上。同时，Instagram在移动端融入了很多社会化元素，包括好友关系的建立、回复、分享和收藏等。2012年Instagram被Facebook以10亿美元的价格收购。

在使用社交媒体进行营销时，有三个方面是需要注意的：

（1）灵活运用社交媒体分析工具。跨境电商离不开大数据的支持，很多卖家开始利用数据、分析数据来帮助自己做出相关决策。而社交媒体对于跨境电商来说是十分重要的数据来源。如今，许多数据公司提供了数据分析工具，有免费的也有收费的，收费费用在几美元至几十美元每月。例如SumAll是一款免费的数据分析工具，不仅整合了电子商务平台的数据，同时还涵盖了一系列支付平台的数据，还提供社交媒体、邮件服务、博客、SEO工具和网站分析平台方面的数据（见图11－5）。

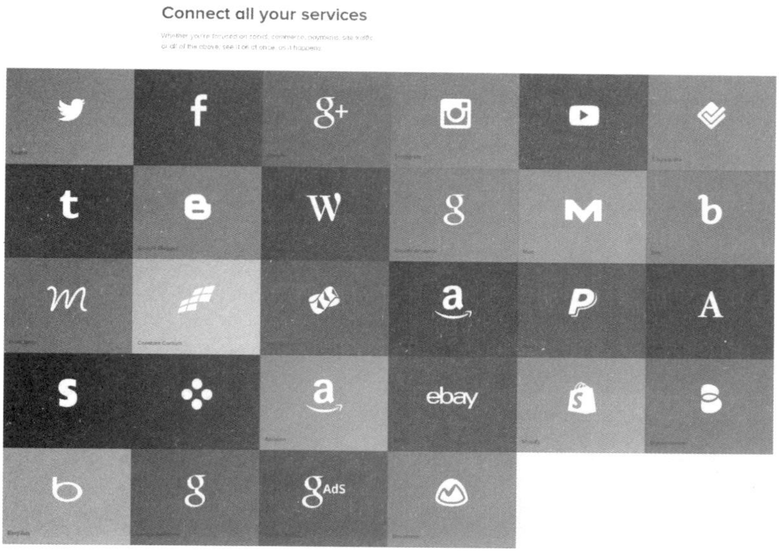

图11－5　SumAll业务涵盖及数据呈现方式

（2）内容制作精良。无论是限制140个字符的Twitter还是播放视频的YouTube，在各种社交媒体平台上都必须注重投放内容的质量。同时要做到原创性、有趣性、互动性以及持续性。

（3）要注重借势。借势主要分为两种情况。一是活动借势。借助活动来进行社交媒体营销。例如借助节日发起话题，借助平台活动推出营销活动等。二是名人借势。借助名人效应来进行社交媒体营销。一方面关注行业内名人，争取与行业内名人互粉互动；另一方面可以在名人发布后第一时间回复，可以获得更多的曝光量。

兰亭集势社交媒体营销

打开兰亭集势的Facebook官方主页（见图11-6），可以看到一个由时尚美女、包、高跟鞋和太阳镜组成的背景图片。这与兰亭集势的时尚购物风格非常契合。该主页获得了超过250万的赞，可见人气之高。

图11－6　兰亭集势Facebook官方主页

在发帖方面，兰亭集势在2014年9月保持每天更新，日均发帖数量保持在7个左右，一般不会超过10个。此外，每个帖子的时间间隔在2小时左右，避免给粉丝带来刷屏的感觉。

通过统计2014年5月至9月近4个月的发帖情况，主要有6大类，分别是：潮流时尚帖、创意新奇帖、节庆活动帖、幽默有趣帖、顾客晒图帖、其他帖。总发帖数为93，不同类型发帖数分布如图11-7所示。

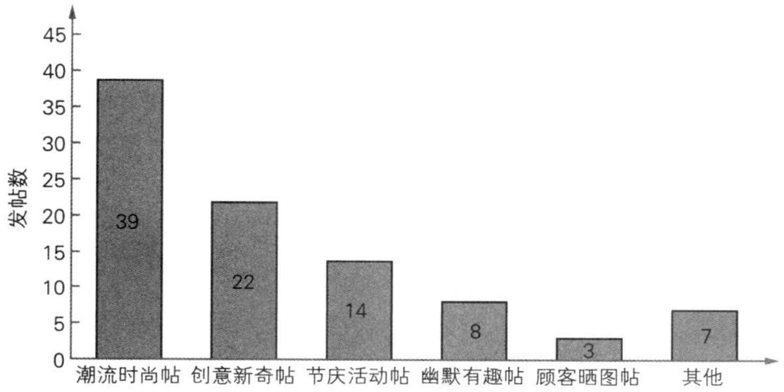

图11－7　兰亭集势Facebook发帖类型分布

可以发现，潮流时尚帖最多。通过一些精美时尚的产品图片，唤起粉丝的购买欲。在说明性文字方面，使用非常地道的语言，同时加上一个问题，以便能和粉丝产生互动。兰亭集势主打服饰类产品，通过潮流时尚帖不仅可以彰显网站风格，而且能最大限度地导入流量，并获取转化率。

此外，兰亭集势还会时不时发些正能量帖子、风景照帖子、话题互动性帖子等，让粉丝感觉是在跟一个真实的人互动，而不是一家商业化的企业。

除了发帖内容，在运营Facebook主页的过程中，还常常需要处理顾客的投诉信留言。对于跨境电商企业来说，这几乎是不可避免的：即使产品没有问题，冗长的跨境物流带来的延误、破损也会招来消费者的投诉。首先，面对顾客的投诉性留言，一定要回复，以表示对消费者的重视；其次，要具体回复，切不可千篇一律地说

“Please send us a message, our CS will solve that!”（请留言给我们，我们的客服将会解决!）；最后，要尽可能地引导顾客发“private message”（私密信息），毕竟，当着千万粉丝的面处理纠纷肯定有损品牌形象。

11.3.4 电子邮件营销

电子邮件在海外的覆盖面比较广，人们习惯于通过电子邮件进行沟通，而电子邮件营销（EDM）则是跨境电商企业精准营销的重要工具。2014年，中国跨境电商企业的电子邮件业绩转化占全部业绩的35%，电子邮件营销在跨境电商企业营销渠道贡献度中排在前三位。

电子邮件营销作为最有效的几种跨境电商营销方式之一，受到大量企业青睐，主要是因为具有以下优势：

（1）成本低廉。

电子邮件营销的边际成本趋近于零，联系1个用户与联系1万个用户的成本几乎没有区别，只要找到了用户邮箱，就可以快捷地、低成本地将邮件发到用户手中。

（2）投递精准。

电子邮件本身具有定向性，可以依据行业、地区、消费偏好等因素进行分类，选择目标客户群体，有针对性地进行内容投放，从而获取较高的反馈率。

（3）效果易跟踪。

通过电子邮件营销软件自带的统计分析报表或者网站分析工具，企业可以清楚地知道某次电子邮件发出后的详细效果。比如客户是否打开邮件阅读，是否点击了邮件中的链接，是否购买产品、参加活动等。此外，通过历次邮件的发送情况，企业还可以进一步挖掘用户行为，实现用户细分，从而有针对性地给客户发送相关内容，对客户进行二次营销。

（4）更适合品牌建设。

邮件给用户的日常工作生活带来的影响较小，引起客户反感的概率较低。同时，邮件还是一种图文并茂的沟通渠道，内容丰富多样。以上两点决定了邮件营销除了可以做短期促销推广之外，也适合做长期的品牌建设。企业可以持续给客户发送邮件，和客户建立长期关系，提高客户忠诚度、加深品牌知名度。

相比境内电商电子邮件营销，跨境电商电子邮件营销具有巨大的差异。如果企业缺乏对相关规则和特点的理解，不但难以达到预期效果，甚至还会遭遇灭顶之灾。比如，由于使用不当，企业遭到了大量客户的投诉，就有可能遭到ISP（互联网服务提供商）的封杀。

企业在进行电子邮件营销时，要注意以下原则：

（1）基于用户许可。

电子邮件地址的来源渠道有多种，可以分为线上、线下两大类。线上收集电子邮件地址的方式一般有在线注册、订阅等，线下收集电子邮件地址的方式一般有展会、名片交换、线下活动等。

跨境电商企业基于用户许可的表现方式适用于线上，当客户购买了产品，或收藏了平台上的店铺都可以视为是认可的表现，这时候推送电子邮件才会起到最佳的效果。

（2）与专业机构合作。

没有固定IP地址的服务器所发出的电子邮件，大多数海外电子邮件服务商都会拦截。而且，海外ISP在垃圾邮件、黑名单、投诉举报规则、发送数据等方面要求都非常严格，一旦投诉过多就很可能被封。

对于欠缺电子邮件营销经验的中国企业而言，要选择具有固定海外IP地址的专业电子邮件营销服务商合作，否则电子邮件发送不到客户手中，再多的付出也不会有回报。

（3）为用户传递价值。

为用户传递有价值的信息，是电子邮件营销的核心环节。基于用户许可的电子邮件群发，不一定能够取得好效果。只有通过良好的相关性与数据，保证传递给用户的是有价值的信息，才能够取得好效果。

企业要在电子邮件的基础上，与移动端、PC（个人计算机）端等进行整合，同时利用相应的分析工具和电子邮件营销系统，获取更加详细的用户信息，进行更多的用户行为追踪，实现更具针对性的电子邮件营销。

跨境电商改变了传统国际贸易流程，拉近了企业与海外用户之间的距离，为中国企业带来了品牌机遇。虽然最终不是所有中国企业都能够塑造自有品牌，但品牌化的过程是有普世价值的，不但可以帮助企业提升利润，还可以增强企业的可持续发展能力。同时，放眼未来，以跨境电商为主要窗口，中国将出现大量的全球品牌。

图书在版编目（CIP）数据

跨境电商企业指南 / 橙塾教育编著. —北京：新世界出版社，2016.12

ISBN 978-7-5104-6047-0

Ⅰ. ①跨… Ⅱ. ①橙… Ⅲ. ①电子商务-商业经营-指南 Ⅳ. ①F713.36-62

中国版本图书馆 CIP 数据核字（2016）第 270082 号

跨境电商企业指南

作　　者 橙塾教育
责任编辑 贾瑞娜　叶　赞
责任校对 宣　慧
责任印制 李一鸣　余燕龙
出版发行 新世界出版社
社　　址 北京西城区百万庄大街 24 号（100037）
发 行 部 （010）6899 5968　（010）6899 8705（传真）
总 编 室 （010）6899 5424　（010）6832 6679（传真）
http://www.nwp.cn　　http://www.nwp.com.cn
策　　划 杭州蓝狮子文化创意股份有限公司
印　　刷 杭州钱江彩色印务有限公司
经　　销 新华书店
开　　本 710 毫米 × 1000 毫米　1/16
字　　数 250 千字　**印　　张** 17.5
版　　次 2016 年 12 月第 1 版　2016 年 12 月第 1 次印刷
书　　号 ISBN 978-7-5104-6047-0
定　　价 48.00 元